Guide Microapp

Internet Explorer 8

Micro Application

1re Édition - Janvier 2009

Auteur Olivier ABOU

ISBN : 978-2-300-017766

MICRO APPLICATION
20-22, rue des Petits-Hôtels
75010 PARIS
Tél. : 01 53 34 20 20 - Fax : 01 53 24 20 00
http://www.microapp.com

Support technique
Fax : 01 53 34 20 00
également disponible sur le site
www.microapp.com

Retrouvez des informations sur cet ouvrage !

Rendez-vous sur le site Internet de Micro Application **www.microapp.com**. Dans le module de recherche, sur la page d'accueil du site, entrez la référence à 4 chiffres indiquée sur le présent livre. Vous accédez directement à sa fiche produit.

GUIDE MICROAPP

Avant-propos

Tout en couleur, la collection GUIDE MICROAPP vous accompagne dans votre découverte d'un logiciel ou d'une technologie informatique. Grâce à une approche résolument pratique, centrée autour de nombreux exemples pas à pas, elle vous permet de réussir vos premières prises en main et de réaliser des opérations concrètes, rapidement et facilement, sans connaissance préalable du sujet traité.

Les ouvrages de la collection sont basés sur une structure identique :

- Des étapes numérotées, associées à des captures d'écran, vous permettent de suivre et de reproduire pas à pas l'exemple étudié.
- Des informations complémentaires au sujet traité vous sont délivrées. Présentées sous forme d'encadrés, elles sont repérables par l'icône ▶.
- Des définitions vous permettent de comprendre les termes et abréviations relatifs au logiciel ou à la technologie étudiée. Présentées sous forme d'encadrés, elles sont identifiables par l'icône ●.

Complète, la collection GUIDE MICROAPP vous délivre des outils innovants pour rendre l'apprentissage encore plus enrichissant et convivial :

Le coin des passionnés, pour tous ceux qui souhaitent approfondir leurs connaissances et aller plus loin dans leur utilisaton du logiciel ou de la technologie étudiée.

Les Fiches pratiques, pour maîtriser en quelques clics une application précise.

Afin de faciliter la compréhension des techniques décrites, nous avons adopté les conventions typographiques suivantes :

- **Gras** : menu, commande, onglet, bouton
- *Italique* : rubrique, zone de texte, liste déroulante, case à cocher
- www.microapp.com : adresse Internet
- **Hotmail** : renvoi vers un encadré définition
- ✂ : indique, dans les programmes, un retour à la ligne involontaire dû aux contraintes de la mise en page

Sommaire

Introduction

Chapitre 1

Prise en main d'Internet Explorer

Chapitre 2

Naviguer sur le Web

Chapitre 3

Premiers pas avec Windows Mail

Chapitre 4

Utiliser Windows Mail

Chapitre 5

Le coin des passionnés

Sécuriser les connexions

Fiches pratiques

Introduction

La dernière version d'Internet Explorer s'intègre bien évidemment dans toutes les versions de Windows Vista. Mais rien ne vous empêche de l'installer également sur un système plus anciens : Windows XP Professionnel ou Familial, par exemple. Dans ce cas, il est nécessaire d'avoir installé auparavant le Service Pack 2 ou le Service Pack 3 de Microsoft.

Il en va de même pour le module de messagerie, Windows Mail, qui remplacera sans aucune difficulté l'ancien client email intégré dans toutes les éditions de Windows XP, Outlook Express.

Bref, vous l'avez compris, les nouveaux outils Internet de Microsoft s'intègrent parfaitement dans les anciennes versions de Windows, même s'ils ont été développés au départ pour l'environnement Windows Vista.

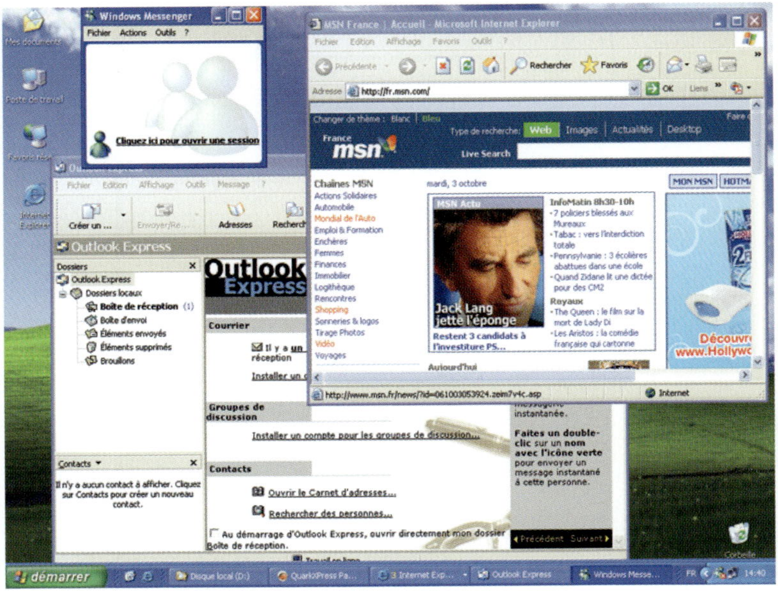

Les nouveautés

Comme vous devez vous en douter, de nombreuses nouveautés ont été introduites dans Internet Explorer 8 et Windows Mail. Si les deux outils reprennent les principales fonctions de leurs prédécesseurs, vous allez pouvoir exploiter de nouvelles ressources sur Internet et bénéficier d'une protection de vos données personnelles plus solide lorsque vous vous connectez.

Internet Explorer 8

La dernière version d'Internet Explorer est disponible avec le module de mise à jour intégré dans toutes les éditions de Windows Vista. Toutefois, si vous ne disposez pas du tout nouveau système d'exploitation de Microsoft, rien ne vous empêche d'installer ce navigateur en le téléchargeant gratuitement à partir de l'adresse suivante :
www.microsoft.com/france/windows/ie/default.mspx.

Cela dit, pour exploiter toutes les fonctionnalités d'Internet Explorer, vous devrez posséder au minimum Windows XP SP2 ou Windows Server 2003 SP1 ou de leurs versions équivalentes en 64 bits.

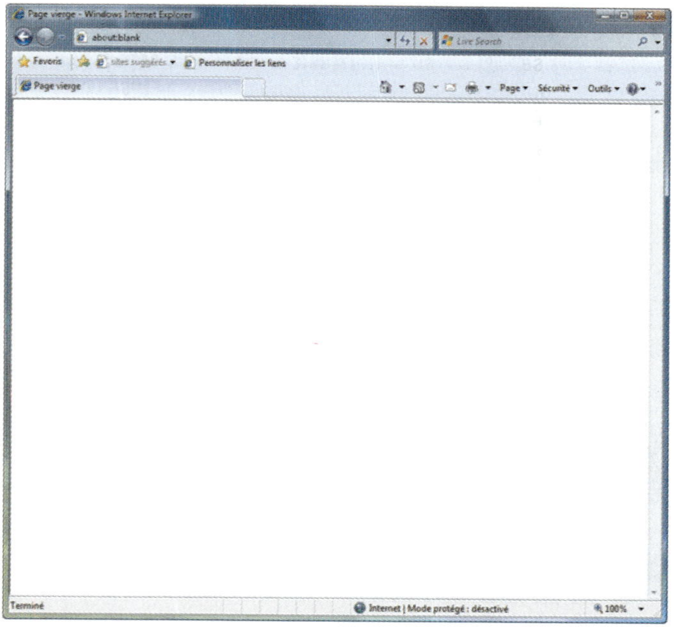

Comme vous pouvez le constater, lorsque vous démarrez pour la première fois Internet Explorer 8, l'interface ressemble en grande partie à celle de la version précédente qui avait été considérablement remaniée pour l'environnement de Windows Vista. Le programme conserve ainsi un aspect extrêmement convivial avec une prise en main des commandes orientée essentiellement de façon visuelle. Les fonctions se trouvent d'un simple coup d'œil et ne sont plus masquées par défaut dans une barre de menus. Il ne reste plus désormais qu'une barre d'outils constituée de quelques boutons et une barre d'adresses.

Passons aux nouveautés. Les fonctionnalités de recherche ont été considérablement améliorées. Elles intègrent désormais un dispositif d'affichage de suggestions et vous pouvez effectuer des recherches dans l'historique.

Vous disposez en outre d'un nouveau menu de gestion qui regroupe tous les modules du navigateur : ActiveX, extensions, etc. Vous pouvez ainsi identifier plus rapidement un module qui génère des erreurs et, le cas échéant, le désactiver d'un simple clic de souris.

À l'instar de son concurrent direct, Firefox, Internet Explorer propose maintenant une barre d'adresses intelligente. Lorsque vous démarrez la saisie d'une URL, le navigateur affiche une liste de suggestions à partir des informations trouvées dans votre historique ou vos favoris.

Autres nouveautés : les services web contextuels accessibles depuis les commandes du menu contextuel (appelées les *Compléments actifs*). Les services proposés par défaut, avec Internet Explorer 8, permettent d'exploiter certains services Microsoft de blog, de cartographie, de messagerie, d'encyclopédie et de traduction.

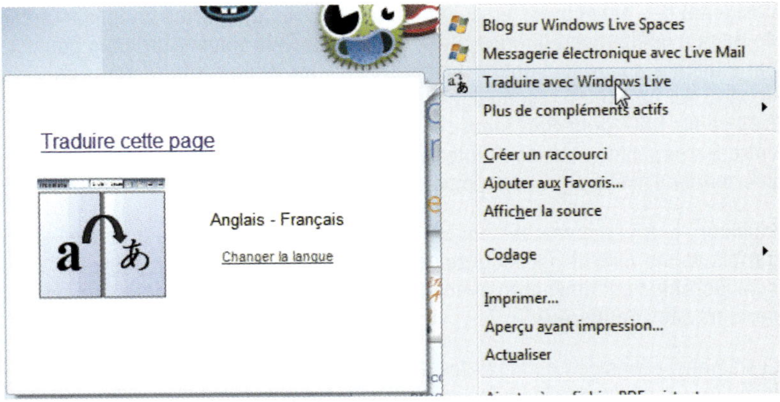

De nouvelles fonctionnalités ont été ajoutées au dispositif de navigation par onglets. Vous pouvez toujours afficher plusieurs sites dans une seule fenêtre d'Internet Explorer à travers un système intégré d'onglets. Mais, désormais, vous pouvez vous y retrouver plus facilement avec des outils de gestion plus performants.

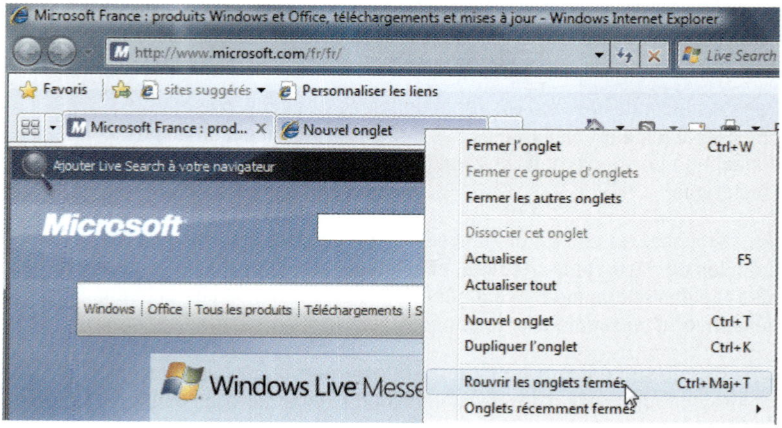

Pour les utilisateurs les plus méfiants, Microsoft leur propose d'activer un nouveau mode de navigation appelé *InPrivate*. Il permet de naviguer sans laisser de traces trop apparentes sur les sites que vous visitez. Il permet également d'effacer automatiquement toutes les données temporaires à la fin d'une session.

Enfin, Microsoft introduit un nouveau type de contenu : les *Web Slices*. Ils désignent des petits modules qui permettent de rester informé en temps réel de toute modification apportée à une page web. Cela s'avère fort utile pour, par exemple, suivre une enchère sur eBay ou une page d'informations en continu sur un site de réseau social. C'est à ne pas confondre avec les flux RSS ou fils RSS (pour *RSS feed*) qui permettent de consulter, directement sur votre Bureau sans vous connecter à un site particulier, différentes informations mises à jour en temps réel.

Plusieurs autres nouveautés ont été intégrées dans le navigateur et elles sont parfois moins visibles. La sécurité de votre navigation, par exemple, a été considérablement améliorée avec une meilleure détection automatique de certains sites dangereux.

Les améliorations des commandes d'Internet Explorer 7 ne manquent pas non plus. Citons, par exemple, la fonction d'impression des pages web qui bénéficie à présent d'un véritable assistant. L'outil de zoom a également été entièrement revu et il sera difficile de s'en passer après y avoir goûté.

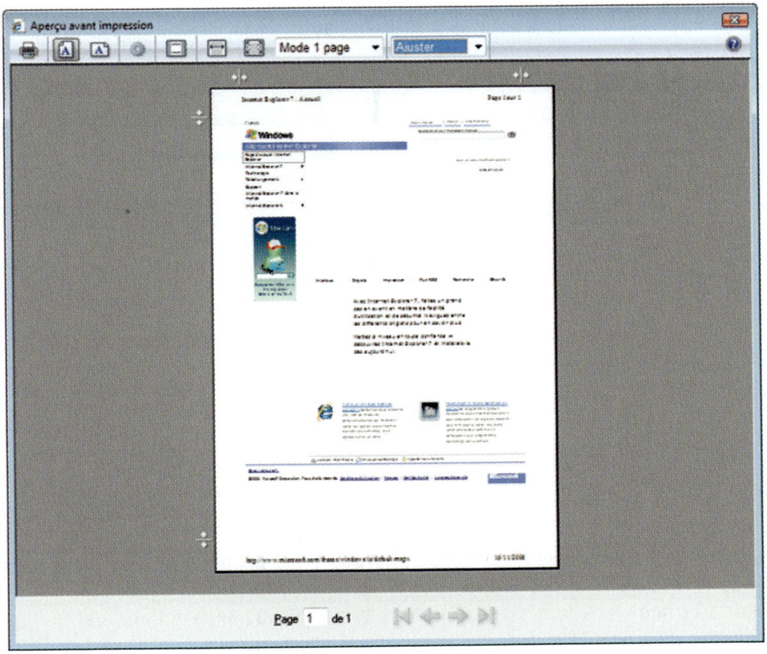

Windows Mail

Si, à première vue, les nouveautés de Windows Mail ne semblent pas flagrantes comparées à la précédente version du logiciel de messagerie intégré de Windows XP, Outlook Express, elles existent tout de même et, sous le capot, le changement est radical.

Il faut en effet savoir que Windows Mail intègre une nouvelle technologie pour stocker vos messages, le moteur de base de données JET, qui permet de les gérer plus efficacement en termes de rapidité, pour la recherche, et de fiabilité. De fait, vous disposez d'une zone de texte spécifique pour trouver des messages qui contiennent les mots que vous aurez saisis.

Quoi qu'il en soit, à l'instar de son prédécesseur, Windows Mail permet également de consulter et de participer aux groupes de discussion de type Usenet. Mais la nouveauté réside dans la possibilité d'accéder aussi aux communautés Microsoft, des groupes d'utilisateurs des produits de la firme de Redmond, ce qui permet de bénéficier d'une assistance en ligne loin d'être négligeable.

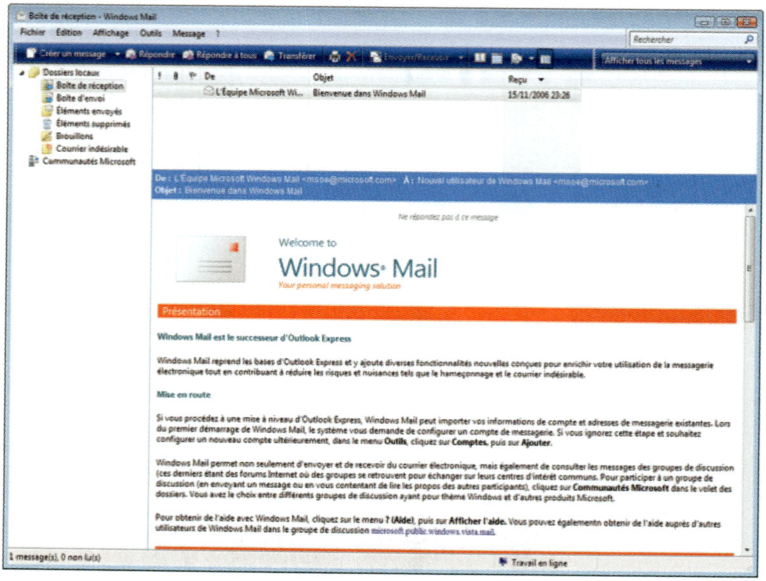

Enfin, la sécurité a également été améliorée. Les filtres intégrés de Windows Mail pourront bloquer plus efficacement le courrier indésirable, telle la publicité, et identifier certains contenus à risque qui pourraient endommager vos données personnelles ou les dévoiler à des inconnus.

Chapitre 1

Prise en main d'Internet Explorer

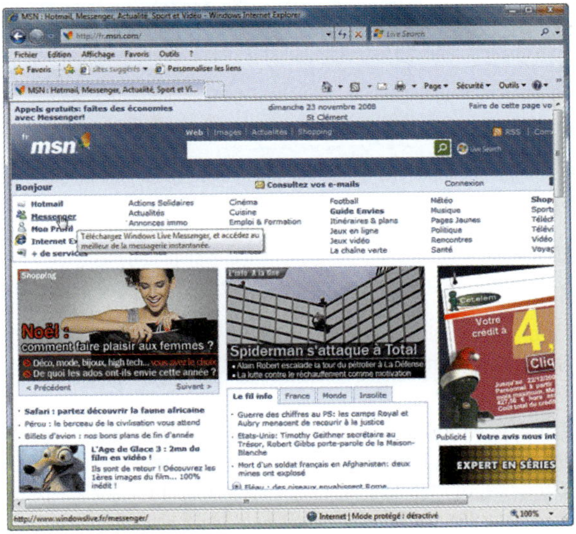

Le Web représente un espace d'information particulièrement aisé à exploiter avec la dernière version d'Internet Explorer. En ce qui concerne la navigation basique sur les sites, il suffit de cliquer sur des liens pour consulter les pages qui vous intéressent.

La connexion sur les serveurs s'effectue de façon transparente, et la navigation ne requiert aucune compétence technique. Cela dit, il convient toutefois de savoir activer, lorsque cela s'avère nécessaire, votre navigateur et le configurer.

Activation et configuration

En général, lorsque vous achetez un ordinateur, celui-ci dispose déjà de son système d'exploitation, Windows Vista pour les configurations les plus modernes, et Internet Explorer est activé par défaut dans votre environnement de travail. Dans ces conditions, aucune procédure d'activation n'est nécessaire, mais il existe des exceptions.

Activation

Avec Windows XP, pour accéder à Internet Explorer ou pour le supprimer de votre environnement de travail, il était nécessaire de l'installer ou de le désinstaller à partir du panneau dédié aux composants de Windows. Avec Windows Vista, la procédure est totalement différente. Désormais, Internet Explorer est toujours disponible sur votre disque dur, même si vous ne le voyez plus. En fait, vous avez la possibilité de désactiver son accès ou de l'activer. Dans tous les cas, aucune installation ou désinstallation d'Internet Explorer ne sera effectuée. Si vous désactivez son accès, vous n'aurez simplement plus le moyen de le démarrer à partir des commandes de Windows Vista, bien qu'il reste présent sur votre système.

Activer l'accès au navigateur

Dans des cas fort rares, il se peut que votre système ne dispose d'aucune commande pour démarrer Internet Explorer. Plusieurs raisons sont à l'origine d'une telle situation : désactivation par erreur lors de l'installation, choix du vendeur en charge de la configuration et du montage de votre machine, etc.

Quoi qu'il en soit, ce n'est pas catastrophique. Il suffit de quelques clics de souris pour faire apparaître Internet Explorer dans votre environnement de travail.

1 À partir de la barre des tâches de Windows, cliquez sur le bouton **Démarrer** et sélectionnez l'entrée **Panneau de configuration** dans le menu déroulant qui s'affiche.

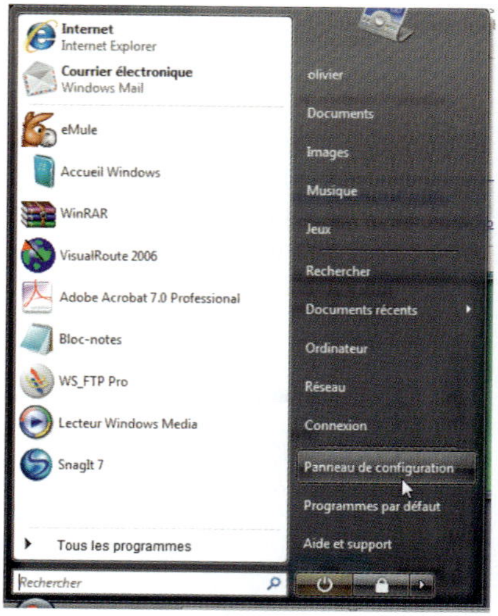

2 Dans la fenêtre qui s'affiche, cliquez sur le lien *Affichage classique* pour accéder à tous les modules de configuration de votre système.

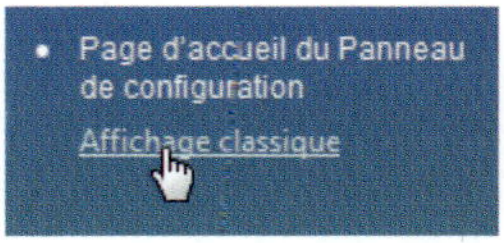

3 Une nouvelle fenêtre apparaît. Double-cliquez sur l'icône intitulée **Programmes et fonctionnalités**.

4 Un panneau entièrement dédié à la gestion des programmes et mises à jour installés sur votre système s'affiche immédiatement. Cliquez sur le lien *Activer ou désactiver des fonctionnalités Windows* disponible dans le volet de gauche.

5 Une boîte de dialogue, intitulée **Fonctionnalités de Windows**, vous propose d'activer ou de désactiver toute une liste de fonctionnalités Windows. Il suffit de cocher celles que vous souhaitez activer. Dans notre cas, sélectionnez l'option *Accès Internet Explorer* dans le cadre conçu à cet effet.

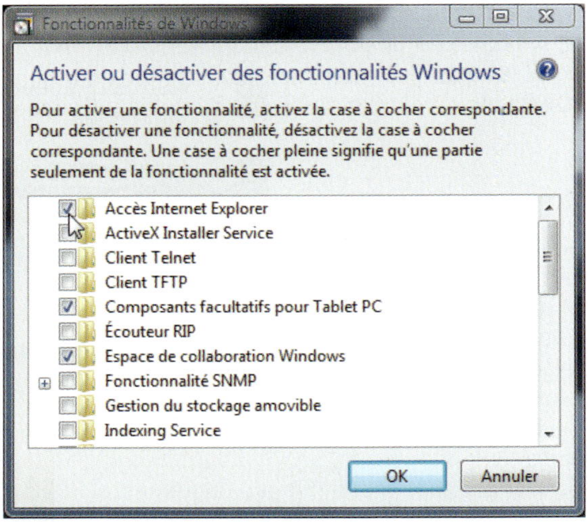

6 Validez par OK pour enregistrer les nouveaux paramètres du système et refermez la fenêtre précédente. Les commandes de démarrage d'Internet Explorer sont désormais disponibles sur votre ordinateur.

Mise à jour

Une fois Internet Explorer disponible dans votre environnement de travail, il faut le mettre à jour régulièrement. Cette procédure s'avère d'ailleurs assez importante pour différentes raisons. La première : vous profiterez toujours ainsi des dernières innovations du Web (animations multimédias, nouvelles fonctionnalités, etc.). Deuxièmement, tous les produits informatiques présentent des failles, et Internet Explorer n'échappe pas à cette règle : bogues, trous de sécurité, etc. Dans ces conditions, l'éditeur met régulièrement sur son site des patchs de mises à jour. Il existe deux procédures pour les télécharger et les installer. La première, prise en charge automatiquement, sera présentée au chapitre 5 dédié à la sécurisation de votre navigation sur Internet. La seconde, elle, consiste à récupérer manuellement les mises à jour, puis à ne sélectionner que celles que vous souhaitez installer.

Mais avant de voir cela de plus près, il peut être toujours utile de connaître la version exacte de votre navigateur.

1 Démarrez Internet Explorer et sélectionnez la commande **A propos d'Internet Explorer** en cliquant sur le bouton d'aide, symbolisé par un point d'interrogation, **?**, de la barre d'outils.

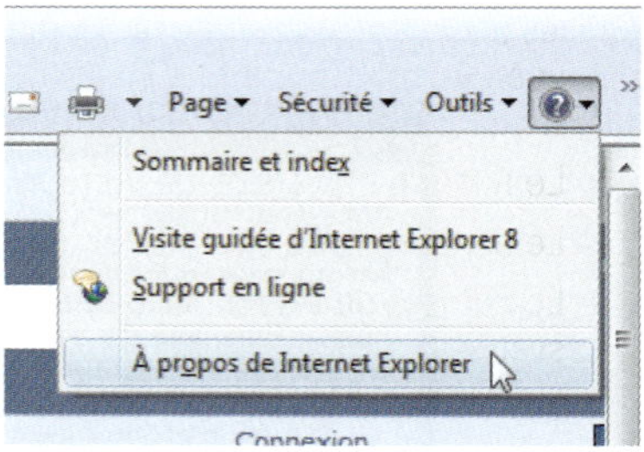

2 Une fenêtre apparaît immédiatement et vous indique, entre autres, le numéro de la version d'Internet Explorer et celle de la dernière mise à jour effectuée. Pour refermer cette boîte de dialogue, cliquez tout simplement sur OK.

À la suite de l'affichage de ces informations, il peut s'avérer nécessaire d'actualiser certains composants d'Internet Explorer si le numéro de la dernière version de la mise à jour disponible sur le site de Microsoft s'avère être plus récent. C'est donc ce que nous allons faire sans plus tarder.

Connexion à Windows Update

Si vous optez pour la solution d'effectuer des mises à jour en vous connectant directement sur le site de Microsoft, sachez que cette procédure ne pose aucune difficulté. La page que vous afficherez dans votre navigateur contient un programme d'analyse chargé d'inspecter votre configuration. Dans ces conditions, le serveur de Microsoft vous signalera automatiquement toutes les mises à jour disponibles pour votre système.

Confidentialité

Le service Windows Update s'est engagé à protéger la confidentialité des données des utilisateurs. Mais il faut savoir que, pour proposer une liste de mises à jour personnalisée, le serveur de Microsoft doit obligatoirement récupérer plusieurs informations à partir de votre ordinateur. Lesquelles ? Il existe quatre types d'information à transmettre. Les voici :

- Le numéro de version de votre système d'exploitation
- Le numéro de version d'Internet Explorer
- Le numéro de version des autres logiciels Microsoft disponibles sur votre système
- Le numéro d'identification Plug and Play des périphériques installés sur votre machine

Pour bien comprendre cette procédure, il faut savoir que Windows Update ne récupère aucune information personnelle de type nom, adresse postale et e-mail, etc. De plus, les données transférées sont uniquement exploitées lors de votre session sur le site et ne seront pas enregistrées de façon permanente dans une base de données pour une utilisation ultérieure. En tout cas, pas toutes les données. Car il existe une exception lorsque le service effectue un suivi des opérations de transfert et d'installation des mises à jour pour savoir si la procédure a réussi ou échoué. Dans ces conditions, Windows Update enregistre le numéro d'identification des éléments de mise à jour que vous avez sélectionnés pour l'installation, ainsi que les numéros des versions du système d'exploitation et d'Internet Explorer. Ces informations sont ensuite sauvegardées en permanence dans une base de données, mais elles ne seront jamais associées à un numéro unique ou un système d'identification personnelle vous concernant.

Notez qu'une telle technique permet de disposer, comme nous allons le voir, d'un historique des mises à jour de votre système.

1. Connectez-vous à Internet, démarrez Internet Explorer et sélectionnez la commande **Windows Update** du menu **Outils**.

2. La fenêtre de mise à jour de Microsoft apparaît à l'écran immédiatement après. Elle est divisée en plusieurs parties : un menu à gauche qui affiche toutes les fonctionnalités du service (recherche des mises à jour, personnalisation du service, information sur le service, etc.) et une page centrale où l'on vous signalera toutes les mises à jour disponibles pour votre système. Pour lancer la procédure de vérification de votre configuration, cliquez, à partir du menu, sur le lien intitulé *Rechercher les mises à jour*.

3. La procédure de recherche des mises à jour à effectuer sur votre système peut prendre un certain temps en fonction des performances de votre connexion, de la complexité de votre configuration et de la surchage du service. Dans tous les cas, le pourcentage de la progression des opérations s'affiche dans le cadre central de la fenêtre et vous êtes ainsi tenu au courant du déroulement des opérations.

4. Le résultat s'affiche ensuite dans la fenêtre dédiée au service Windows Update. Le nombre des mises à jour disponibles est réparti en deux catégories : celle des mises à jour importantes et celle des mises à jour facultatives. Notez que si vous disposez de l'édition Intégrale (ou Ultimate) de Windows Vista, alors une nouvelle section sera disponible dans la fenêtre de Windows Update. Elle vous permettra de télécharger des composants supplémentaires pour votre système, intitulés extras. Pour examiner plus en détail les mises à jour à installer, cliquez sur le lien *Afficher les mises à jour*.

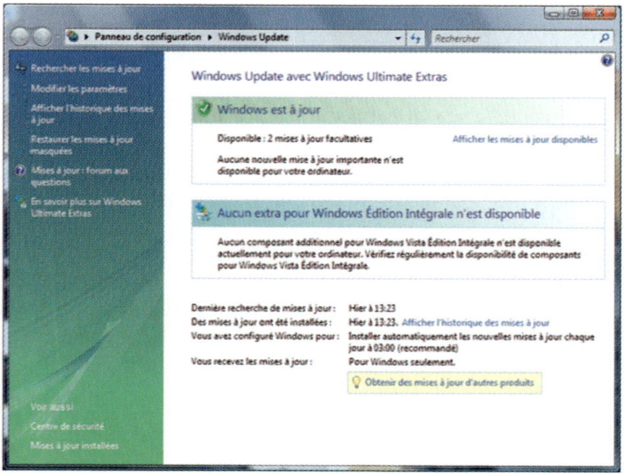

Différents niveaux de mises à jour

Le service utilise plusieurs catégories pour classer les mises à jour à installer. La première, intitulée Critique, désigne toutes les mises à jour concernant la sécurité de votre système et de vos logiciels. Bien évidemment, il est fortement conseillé de les installer. La seconde, que l'on peut qualifier de facultative, correspond à l'actualisation de tous vos logiciels. Elle comprend également la mise à jour des pilotes qui permet d'installer ainsi les toutes dernières versions des drivers pour gérer vos périphériques.

5 Dans la page centrale du service, toutes les mises à jour détectées par Windows Update s'affichent avec une description sur leur nature et leur date de publication. Si vous ne souhaitez pas installer une mise à jour particulière, il suffit de ne pas la sélectionner. À l'inverse, pour installer celles qui vous intéressent, cochez les cases correspondantes et cliquez sur le bouton **Installer**.

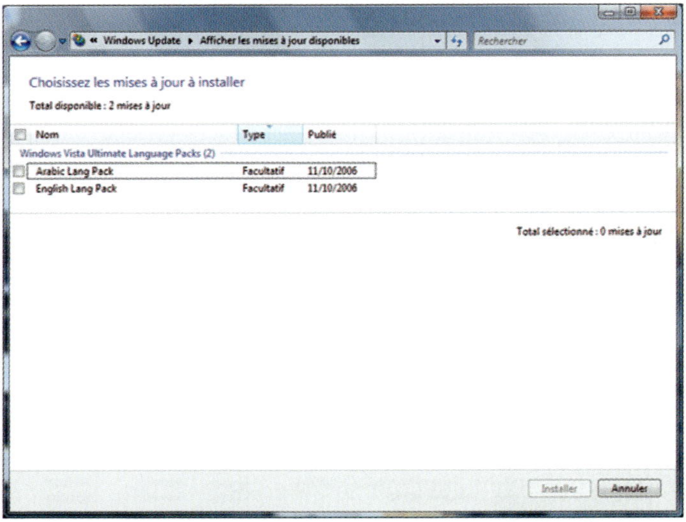

6 Selon le type de mise à jour sélectionnée, une boîte de dialogue peut apparaître pour afficher la licence d'utilisation des correctifs ou composants que vous allez télécharger. Acceptez-la en cliquant sur le bouton **J'accepte**.

7 Le transfert débute immédiatement après la validation de la licence. Notez que la procédure d'installation s'effectue automatiquement ensuite, sans qu'il soit nécessaire d'intervenir.

8 Au terme de l'installation, un message peut s'afficher pour vous proposer de redémarrer votre ordinateur. Cela permettra de rendre immédiatement opérationnelles les mises à jour que vous venez d'installer. Notez toutefois que vous pouvez le faire plus tard. Dans ce cas, il suffit de cliquer sur le bouton **Annuler**.

9 Notez que, dans la fenêtre principale du service Windows Update, vous disposez d'un accès pour obtenir un récapitulatif de toutes les mises à jour que vous venez d'installer. Dans le cas où une procédure aurait échoué, vous en serez également informé à partir de ce récapitulatif. De fait, Windows Update enregistre le suivi de vos mises à jour sur ses serveurs et, pour savoir où vous en êtes à ce sujet, il suffit de cliquer sur le lien *Afficher l'historique des mises à jour*.

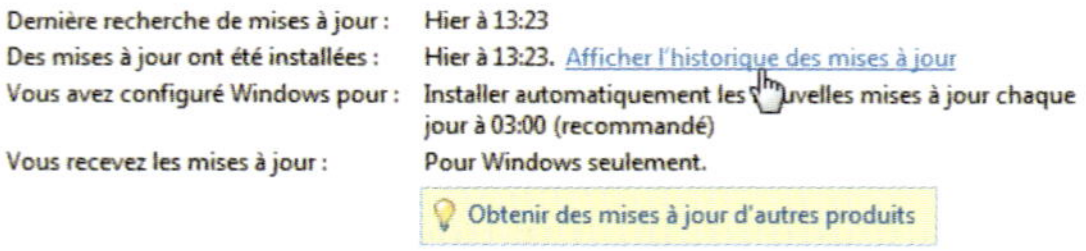

10 Toutes les mises à jour que vous effectuerez à partir du service Windows Update sont enregistrées et vous pouvez ainsi accéder à leur historique sous la forme d'un tableau de quatre colonnes. La première vous indique la nature de la mise à jour ; la seconde spécifie si la procédure d'installation a réussi ou non ; la troisième colonne, quant à elle, correspond au type de la mise à jour (importante ou facultative, par exemple) ; et la dernière vous rappelle la date de son installation.

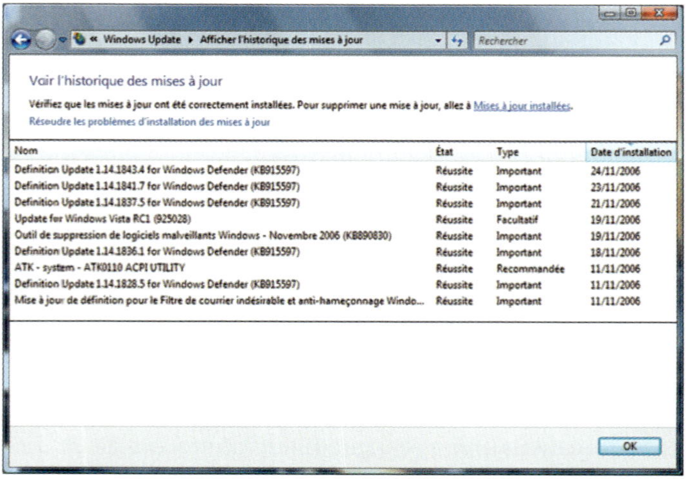

Personnaliser Internet Explorer

Comme vous allez le constater, Internet Explorer est un outil particulièrement souple qui n'exige aucune configuration spécifique pour être utilisé. Cela dit, rien ne vous interdit de personnaliser certaines de ses fonctionnalités pour vous rendre la navigation plus agréable.

Configurer *Internet Explorer*

Nous vous proposons ici de modifier les paramètres basiques d'Internet Explorer. De fait, il existe encore bien d'autres réglages à effectuer mais qui correspondent, comme nous le verrons plus loin (dans le chapitre sur la sécurité ou dans nos fiches pratiques), à une configuration avancée du programme.

Démarrage avec Windows Live

Lorsque vous démarrez Internet Explorer, celui-ci tente de se connecter immédiatement sur la page d'accueil du service de recherche de Microsoft sans vous demander votre avis. Rien d'anormal, il a été configuré ainsi par défaut. Heureusement, il est possible de désactiver cette fonctionnalité, ou d'en modifier certains aspects.

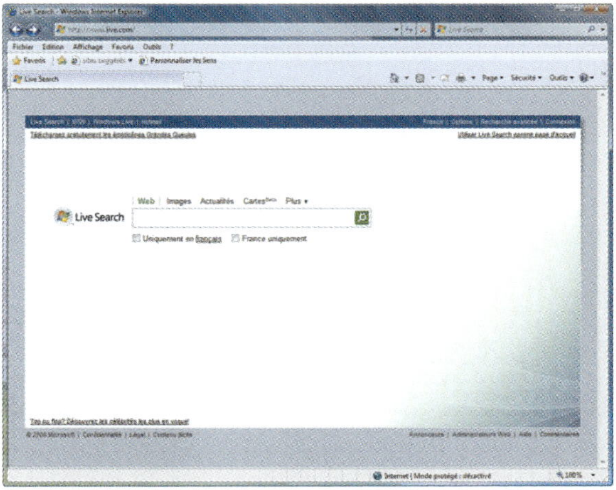

1 Démarrez Internet Explorer et laissez-le se connecter sur la page d'accueil du service Windows Live. Comme vous pouvez le constater, vous disposez ici d'un moteur de recherche simple à prendre en main. Il suffit d'inscrire vos mots-clés dans le formulaire conçu à cet effet et de cliquer sur le bouton situé à droite de la zone de texte pour démarrer le traitement de vos requêtes. Vous obtiendrez immédiatement une liste de résultats sous la forme d'une liste d'adresses de pages web correspondant à l'objet de votre recherche.

2 Vous disposez d'un lien spécifique, intitulé *Options*, en haut de page à droite. Il vous permet de configurer le service et la page en fonction de vos besoins.

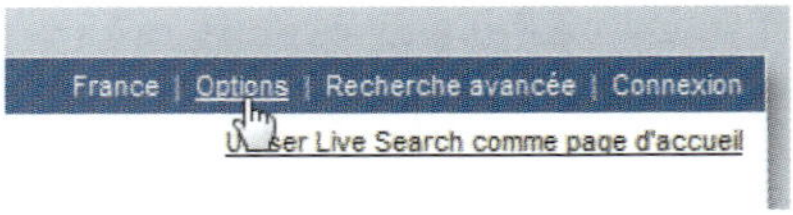

3 Plusieurs autres services sont disponibles. Cliquez, par exemple, sur le lien *Windows Live*, en haut de page à gauche.

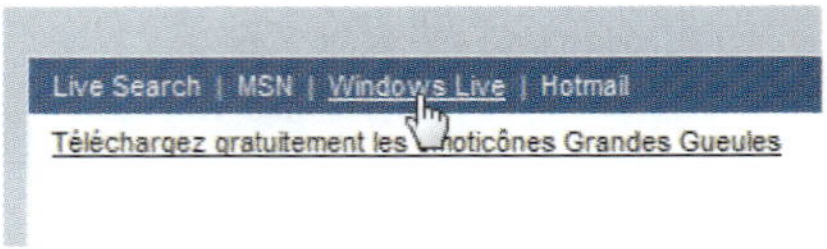

4 Dans la page qui s'affiche, plusieurs services sont disponibles à partir d'un menu situé à gauche de la fenêtre. Il suffit de cliquer sur le lien du service qui vous intéresse pour vous connecter immédiatement sur le site correspondant.

5 Cliquez, par exemple, sur le lien *Disque dur virtuel* pour accéder à un service qui vous permet de mettre en ligne toutes vos données : images, documents de traitement de texte, feuilles de calcul, musique, etc. De cette façon, ils seront toujours disponibles en ligne, ce qui s'avérera très utile lorsque vous serez en déplacement. Vous pourrez même les partager avec d'autres utilisateurs.

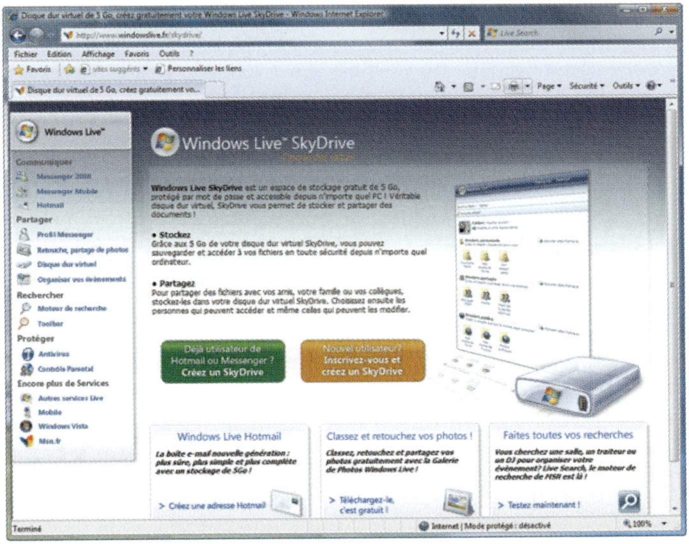

6 Cliquez sur le lien *Antivirus* pour exploiter différents services dédiés à la sécurité. Vous pouvez, par exemple, démarrer un scan qui contrôlera tout le contenu de votre système, à la recherche d'un possible virus ou de tout autre logiciel malveillant.

7 Cliquez enfin sur le lien *Profil Messenger* pour afficher la page d'accueil d'un autre service proposé gratuitement par Microsoft. Ce site vous permet de créer votre espace personnel pour, par exemple, créer votre blog, partager vos photos, mettre en ligne des listes de musiques ou un carnet d'adresses, etc.

Dès lors, si les nombreux services gratuits de Windows Live vous intéressent, rien ne vous empêche de conserver cette page de démarrage, proposée par défaut par Internet Explorer. Mais, dans le cas contraire, vous avez la possibilité d'en définir une autre.

Démarrage sans Windows Live

Si vous n'êtes pas un adepte des services proposés par Microsoft, rien ne vous interdit d'en choisir d'autres en sélectionnant une autre page de démarrage. Et si le cœur vous en dit, vous pourrez même désactiver cette fonctionnalité en choisissant de démarrer avec une page vierge, sans vous connecter à un quelconque site.

1 Indiquez dans la barre d'adresse du navigateur l'URL de la page que vous souhaitez afficher et validez par ↵. Celle-ci doit apparaître dans la fenêtre

principale d'Internet Explorer. Dans notre exemple, nous avons saisi l'adresse de la célèbre encyclopédie en ligne Wikipédia : http://fr.wikipedia.org/wiki/Accueil.

URL

Pour Universal (ou Uniform) Resource Locator, désigne l'adresse d'un site web.

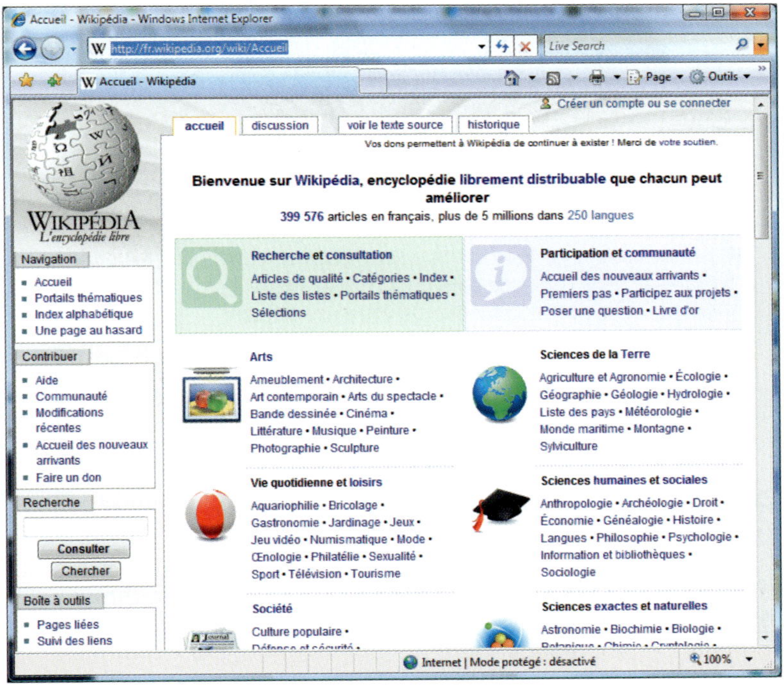

2 Cliquez sur la flèche du bouton d'accueil de la barre d'outils du navigateur pour afficher un menu déroulant.

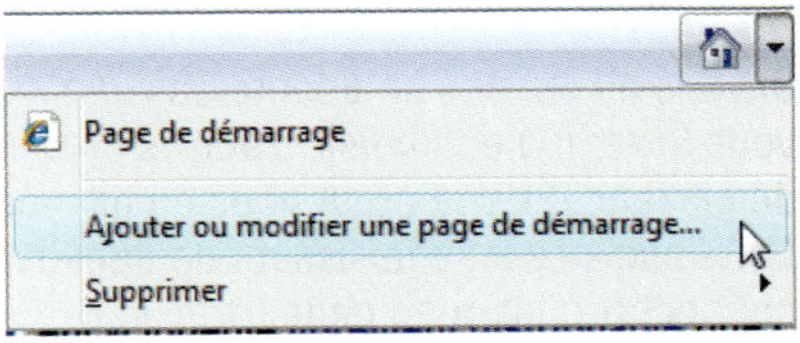

3 Sélectionnez la commande **Ajouter ou modifier une page de démarrage**.

4 Cochez ensuite, dans la boîte de dialogue qui s'affiche, une des deux options proposées :

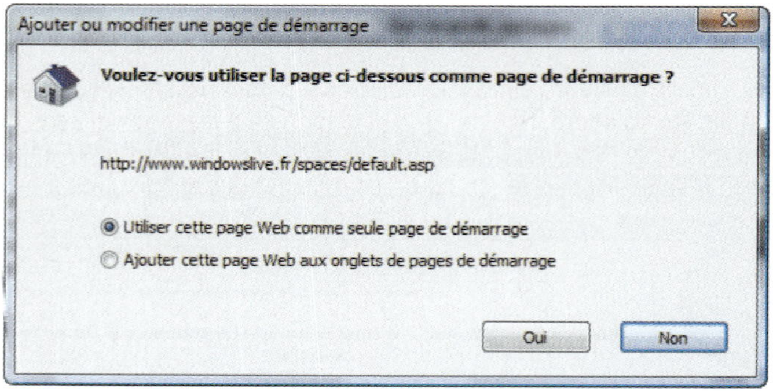

- *Utiliser cette page Web comme seule page de démarrage* : enregistre l'adresse de la page courante pour l'utiliser comme page de démarrage lorsque vous ouvrez la fenêtre de votre navigateur.
- *Ajouter cette page Web aux onglets de pages de démarrage* : en sélectionnant cette option, vous avez la possibilité d'avoir plusieurs pages de démarrage qui s'ouvriront simultanément dans plusieurs onglets de navigation lorsque vous ouvrez la fenêtre de votre navigateur.

5 Cliquez sur le bouton **Oui** pour enregistrer votre nouveau paramètre de démarrage.

Notez qu'il est possible d'accélérer le démarrage du navigateur en supprimant toute connexion automatique sur un site web lorsque vous ouvrez une nouvelle fenêtre d'Internet Explorer.

1 Démarrez Internet Explorer.

2 Cliquez sur la flèche du bouton d'accueil de la barre d'outils du navigateur pour afficher le menu déroulant que vous avez vu précédemment.

3 Sélectionnez cette fois-ci la commande **Supprimer/Page de démarrage** pour effacer l'adresse de la page de démarrage que vous aviez définie. Comme vous le verrez, si vous utilisez plusieurs pages de démarrage, une boîte de dialogue s'affichera pour vous demander quelle page vous souhaitez supprimer.

4 Si vous souhaitez supprimer toutes les pages de démarrage que vous aviez définies, sélectionnez la commande **Supprimer/Supprimer tout**. De cette façon, Internet Explorer affichera un document vierge lorsque vous ouvrirez sa fenêtre principale.

Autres paramètres

Il existe encore plusieurs autres paramètres à personnaliser, si vous le cœur vous en dit. Tout d'abord, rien ne vous empêche de passer par la boîte de dialogue générale des options d'Internet Explorer pour définir vos pages de démarrage. Vous disposerez, en outre, de commandes supplémentaires pour le faire.

1 Démarrez Internet Explorer.

2 Cliquez sur la flèche du bouton **Outils** de la barre d'outils du navigateur pour afficher un menu déroulant.

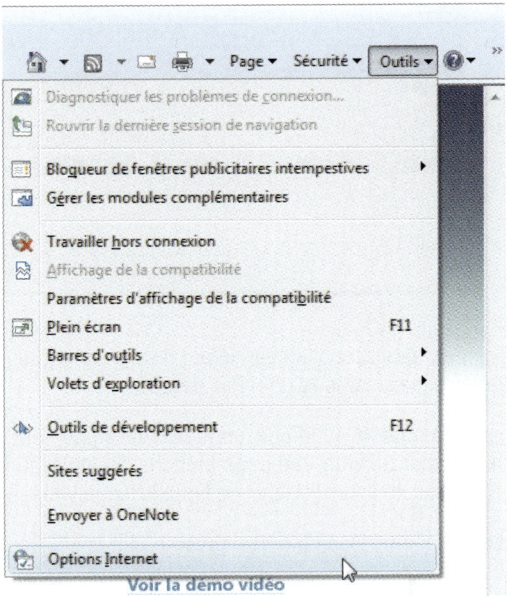

3 Sélectionnez la commande **Options Internet**.

4 Sous l'onglet **Général**, cliquez sur le bouton **Page actuelle**. La page actuellement affichée dans la fenêtre du navigateur désignera maintenant celle qui sera automatiquement chargée au démarrage.

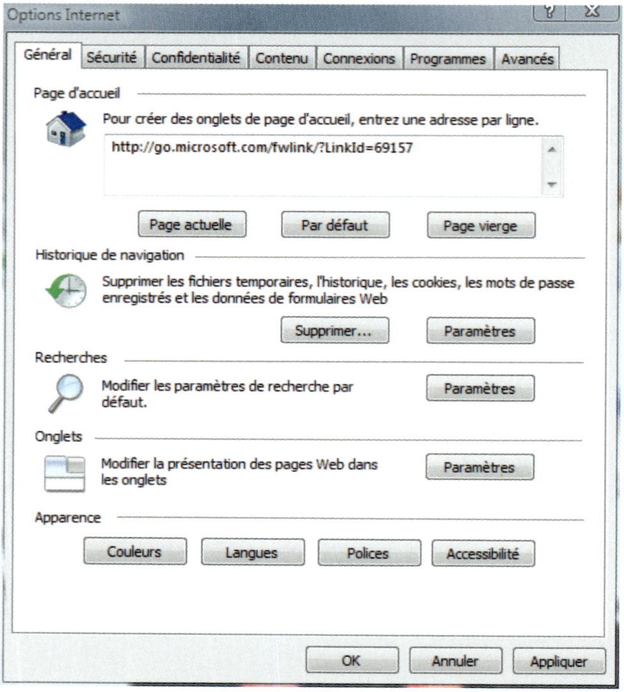

5 Pour retrouver l'adresse proposée par défaut dans Internet Explorer pour la page de démarrage, cliquez sur le bouton **Par défaut**.

Enfin, comme nous l'avons déjà indiqué, vous pouvez également cliquer sur le bouton **Page vierge** pour afficher une page blanche. De cette façon, Internet Explorer ne tentera pas de se connecter en ligne lorsque vous le démarrerez.

Passons à présent à d'autres options basiques.

1 Toujours dans la boîte de dialogue des **Options Internet**, cliquez sur l'onglet *Connexion*. Si vous avez configuré plusieurs connexions, il suffit de sélectionner celle que vous souhaitez utiliser par défaut lorsqu'Internet Explorer a besoin de se connecter en ligne.

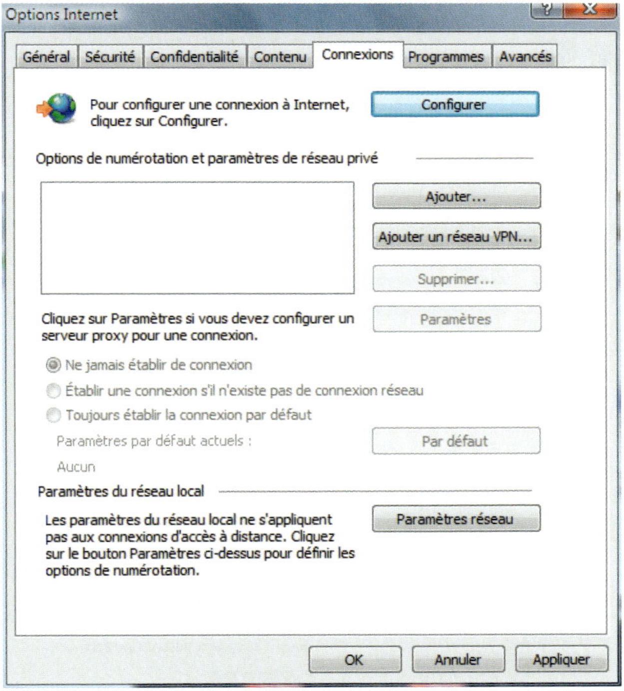

2 Si vous ne souhaitez pas qu'Internet Explorer se connecte automatiquement à Internet lorsque cela s'avère nécessaire, cochez l'option *Ne jamais établir de connexion*.

3 Enfin, vous pouvez configurer une nouvelle connexion directement à partir des Options Internet d'Internet Explorer. Il suffit de cliquer sur le bouton **Configurer**.

4 Cliquez à présent sur l'onglet *Contenu*. Sous la section *Saisie semi-automatique*, sélectionnez le bouton **Paramètres**.

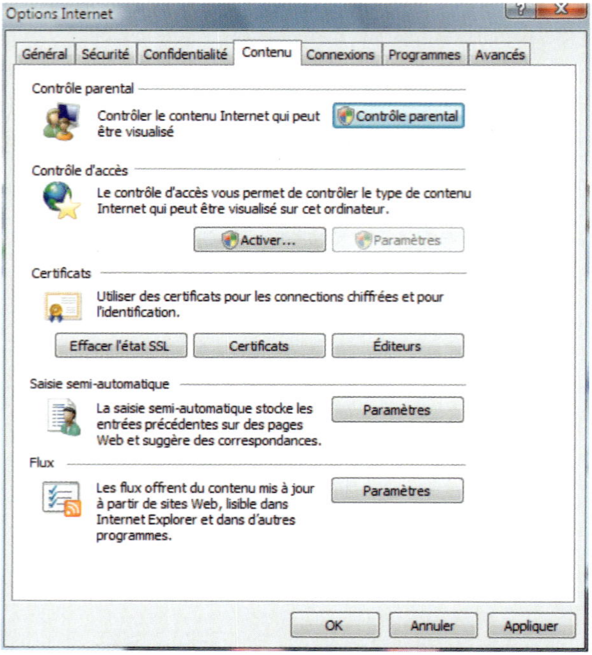

5 La fonctionnalité de saisie semi-automatique permet de compléter automatiquement le début de votre saisie en fonction de ce que vous avez déjà inscrit. Cette fonction s'applique à différentes situations que vous pouvez sélectionner, ou désactiver, dans la boîte de dialogue qui s'affiche ici : adresses web, formulaires, identifiant et mot de passe dans les formulaires... Vous pouvez également effacer toutes vos saisies automatiquement enregistrées par Internet Explorer en cliquant sur un des deux boutons proposés : **Effacer les formulaires** et **Effacer les mots de passe**.

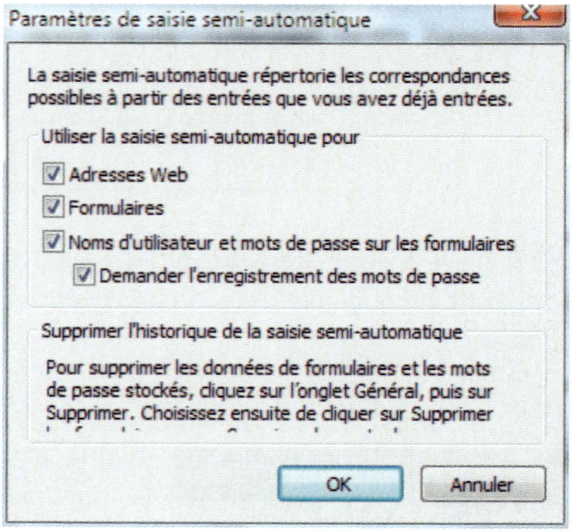

6 Cliquez enfin sur l'onglet *Programmes*. Vous avez la possibilité ici de définir les programmes qui s'exécuteront automatiquement en sélectionnant certaines

commandes proposées par Internet Explorer : éditeur de pages web, logiciel de courrier électronique, lecteur de news, téléphonie/visioconférence, calendrier et carnet d'adresses.

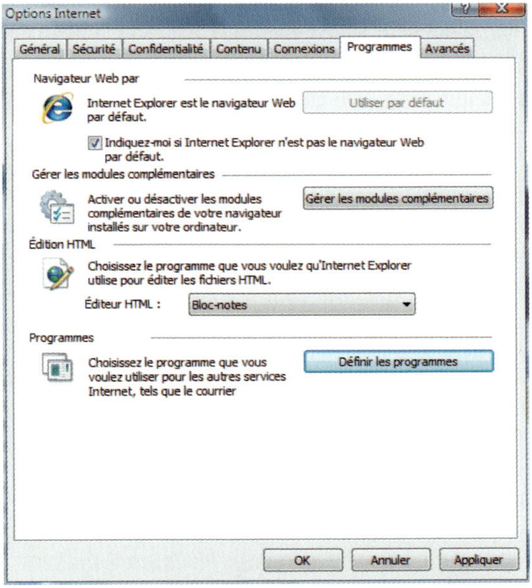

Une fois que vous aurez effectué toutes vos modifications, cliquez sur le bouton OK pour les enregistrer.

Les commandes *essentielles*

Votre navigateur est désormais prêt à naviguer sur le Web. Voyons maintenant les principales commandes qu'il vous propose par le biais de ses barres d'outils. Ces dernières constituent, à l'instar de toute autre application, un espace privilégié pour proposer aux utilisateurs les principales fonctions du programme. Passons en revue tous les boutons qu'elle intègre.

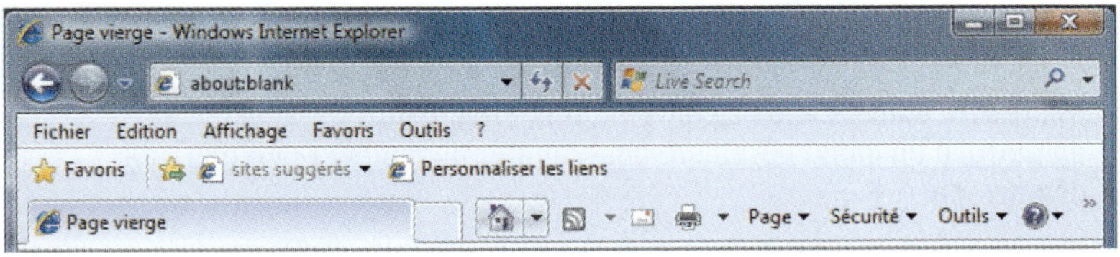

- **Précédente** : permet d'afficher la page web précédente.

- **Suivante** : permet d'afficher la page web suivante (si vous avez utilisé auparavant le bouton **Précédente**). Vous disposez, en outre, d'un menu déroulant pour sélectionner précisément la page que vous souhaitez afficher.

- **Arrêter** : lorsqu'une page web met trop de temps pour s'afficher, cliquez sur ce bouton pour arrêter le transfert.

- **Actualiser** : permet d'actualiser une page lorsque les textes ou les graphiques n'ont pas été complètement chargés, ou lorsqu'elle contient une information qu'il faut remettre à jour (cours de la bourse, par exemple).

- **Rechercher** : permet d'effectuer une recherche sur Internet en saisissant dans cette zone de texte un ou plusieurs mots-clés. Vous disposez ici d'un menu déroulant pour modifier certains paramètres de votre recherche : effectuer votre recherche sur la page affichée plutôt que sur Internet, changer de moteur de recherche par défaut, etc.

- **Favoris** : affiche les adresses de sites web que vous avez enregistrées dans vos favoris. Le second bouton permet de les gérer ou d'ajouter de nouvelles adresses. Nous y reviendrons plus en détail ultérieurement.

- **Onglets** : vous disposez d'un système d'onglets pour naviguer sur plusieurs sites en n'ouvrant qu'une seule fenêtre d'Internet Explorer. Le premier bouton permet d'afficher une vue en mosaïque de tous les onglets ouverts, tandis que le second permet de sélectionner, à partir d'une liste, l'onglet que vous souhaitez afficher. À droite de tous les onglets ouverts, vous pouvez cliquer sur un bouton vierge pour ouvrir un nouvel onglet. Il suffira alors de saisir l'adresse du site qui vous intéresse dans la barre conçue à cet effet pour afficher la page correspondante dans votre onglet.

- **Démarrage** : cliquez sur ce bouton pour vous connecter sur la page de départ (par défaut, celle du service Live.com de Microsoft, comme nous l'avons vu précédemment). Vous disposez, en outre, d'un menu déroulant pour ajouter ou modifier une page de démarrage.

- **Flux** : permet de s'abonner à des flux d'informations (RSS), de les gérer ou de les consulter.

- **Imprimer** : imprime le document que vous consultez dans la fenêtre principale d'Internet Explorer.

- **Page** : propose un menu déroulant contenant plusieurs commandes qui seront présentées plus loin.

- **Outils** : permet d'afficher un menu déroulant pour accéder à différentes commandes qui seront présentées ultérieurement.

- **Sécurité** : permet d'accéder, à partir d'un menu déroulant, à plusieurs commandes dédiées à la sécurité de votre système lorsque vous naviguez sur Internet. Elles seront présentées plus en détail au chapitre 5.

Vous disposez enfin d'un bouton spécifique pour afficher les dernières commandes de la barre d'outils principale d'Internet Explorer.

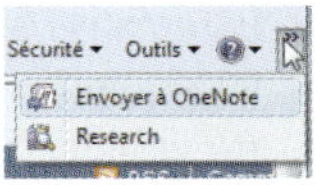

Celui-ci vous permet d'accéder à des programmes supplémentaires ou d'afficher un volet de recherche dans l'interface principale d'Internet Explorer. Vous pourrez également accéder à plusieurs autres boutons. De fait, certaines applications que vous installerez ultérieurement insèrent automatiquement un bouton dans la barre d'outils pour proposer un démarrage instantané à partir d'Internet Explorer.

Notez enfin que vous pouvez afficher ou masquer les barres d'outils de votre choix en utilisant, à partir du menu déroulant **Outils**, la commande **Barre d'outils** suivie du nom de la barre d'outils que vous souhaitez faire apparaître ou disparaître de l'interface du navigateur.

La barre de menus

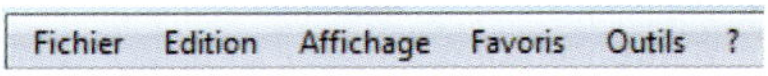

D'autres commandes, toutes aussi importantes que les précédentes, sont disponibles à partir de la barre de menus d'Internet Explorer. Pour la faire apparaître, sélectionnez la commande **Barre de menus** à partir du menu déroulant **Outils**.

Le menu **Fichier** propose des commandes standard que l'on retrouve dans toute autre application.

- **Ouvrir** : permet d'ouvrir une page web enregistrée sur votre disque dur ou une disquette. Vous pouvez également inscrire une adresse pour vous connecter en ligne et afficher un document.

Formats supportés

Notez également que votre navigateur peut ouvrir et afficher d'autres formats de fichiers que le HTML (format de création des pages Web). Ainsi, vous pouvez visualiser directement à partir d'Internet Explorer des images aux formats GIF, PNG, BMP et JPEG. Vous pouvez aussi exécuter des animations Macromedia Flash ou des applications développées en Java. Bref, votre navigateur pourra vous rendre bien des services dans de nombreuses situations.

- **Enregistrer sous...** : sélectionnez cette commande pour sauvegarder un document web au format HTML ou texte, ou de façon complète avec les images et toutes les autres animations qu'il peut contenir.

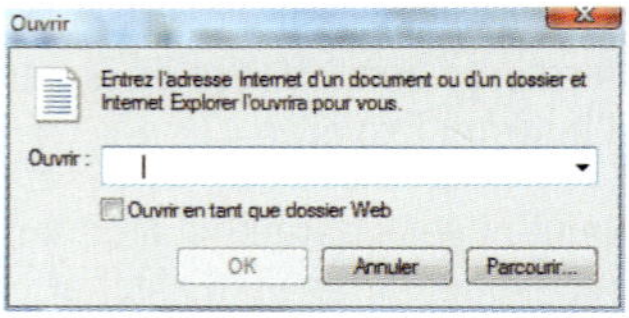

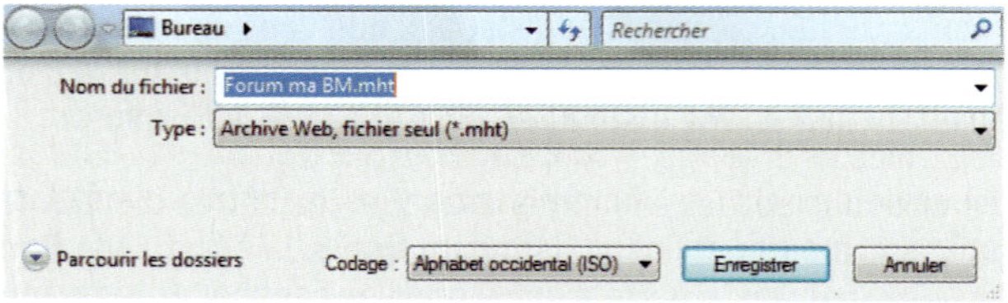

Le menu **Affichage** propose différentes options qui modifient les paramètres d'Internet Explorer. Vous pouvez également en savoir plus sur les propriétés des documents que vous affichez.

- **Barres d'outils** : permet d'afficher ou de masquer les différentes barres d'outils proposées par Internet Explorer.
- **Barre d'état** : permet d'afficher ou de masquer la barre inférieure du navigateur. Elle affiche plusieurs informations à propos de votre connexion (progression du chargement d'une page, entre autres).
- **Volet d'exploration** : permet d'afficher ou de masquer les fenêtres supplémentaires du navigateur : recherche, favoris, flux d'informations, historique, etc.
- **Taille du texte** : permet de modifier la taille du texte qui s'affiche à l'écran.
- **Codage** : modifie le jeu de caractères utilisé par un document (permet de passer, par exemple, en mode d'affichage cyrillique).

- **Source** : affiche le code source HTML de la page que vous consultez.

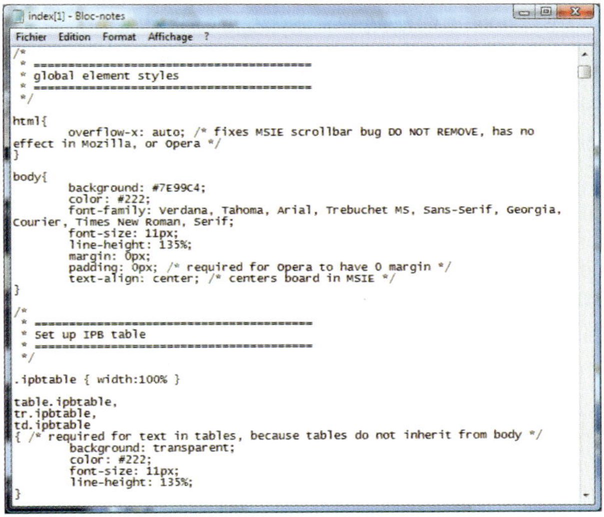

Le menu **Favoris** permet d'enregistrer les adresses des sites que vous visitez pour y revenir plus tard sans qu'il soit nécessaire de saisir leur adresse. Nous aurons l'occasion de détailler plus longuement cette fonctionnalité lors du prochain chapitre.

Le menu **Outils** donne accès à de nombreuses fonctionnalités d'Internet Explorer. Vous pouvez ici bloquer l'affichage des fenêtres publicitaires ou activer des filtres de sécurité pour la navigation. Notez que la commande **Windows Update** permet de mettre à jour votre système à partir d'un site web. Le menu **Outils** vous permet également d'accéder à tous les paramètres de configuration d'Internet Explorer via la commande **Options Internet**.

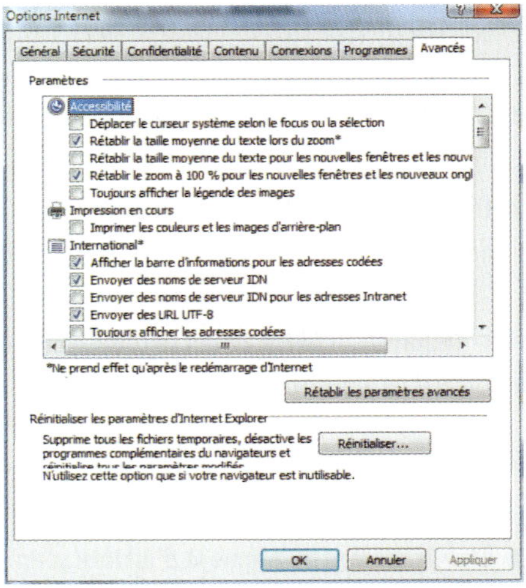

Le menu contextuel

En cliquant sur le bouton droit de la souris lorsque le pointeur est positionné sur un lien, une image ou n'importe où ailleurs sur le document, vous affichez un menu contextuel qui propose de nombreuses commandes fort intéressantes. Notez que les options offertes par ce menu varient sensiblement selon l'endroit où vous cliquez : lien, texte, image…

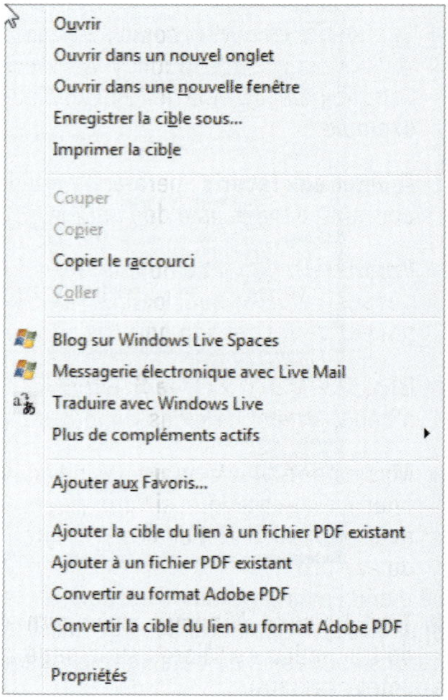

Voici les principales commandes que vous pourrez trouver à partir du menu contextuel :

- **Ouvrir** : affiche la page ou l'image pointée par un lien. Notez que vous obtiendrez un résultat identique si vous cliquez directement sur le lien.
- **Ouvrir dans une Nouvelle Fenêtre** : identique à la commande **Ouvrir**, mais permet d'ouvrir le document référencé par le lien dans une nouvelle fenêtre sans quitter la première.
- **Enregistrer la cible sous** : permet d'enregistrer directement sur votre disque dur la page référencée par un lien sans qu'il soit nécessaire de l'afficher.
- **Imprimer la cible** : permet d'imprimer directement la page référencée par un lien sans qu'il soit nécessaire de l'afficher.
- **Établir en tant qu'élément d'arrière plan** : lorsque vous visitez un site, vous pouvez trouver des images qui vous plaisent. Dès lors, rien ne vous interdit de les adopter comme papier peint pour décorer votre bureau. Il suffit de

sélectionner cette option pour transformer instantanément votre environnement de travail.

- **Copier le raccourci** : copie l'adresse d'un lien dans le presse-papier de Windows. De cette façon, vous pouvez la coller dans une autre application, votre logiciel de courrier électronique ou un traitement de texte, par exemple.
- **Ajouter aux favoris** : permet d'enregistrer directement l'adresse de la page courante dans la liste des favoris.
- **Propriétés** : permet d'obtenir des informations sur la page que vous consultez. Notez que, lorsque la commande s'applique à une image, vous pouvez connaître son poids et ses dimensions exactes.
- **Blog sur Windows Live Spaces** : connectez-vous instantanément sur le site d'hébergement de blogs Windows Live Spaces.
- **Messagerie électronique avec Live Mail** : accédez directement à votre courrier électronique si vous disposez d'un compte Hotmail. Notez que vous avez la possibilité d'en créer un gratuitement à partir de la page d'accueil du service.
- **Traduire avec Windows Live** : permet de traduire en ligne, avec les outils de traduction de Microsoft, la page que vous affichez dans la fenêtre de votre navigateur.

Chapitre 2

Naviguer sur le Web

Internet Explorer propose un nombre considérable de fonctions pour exploiter toutes les richesses du Web. Cela va de l'optimisation de la navigation jusqu'à l'exécution de séquences multimédia en tous genres.

Naviguer confortablement

Certaines fonctions d'Internet Explorer permettent d'utiliser le navigateur de façon plus confortable ou d'améliorer la rapidité de l'affichage des pages. Mais, pour en profiter, il convient de connaître les techniques qui permettent de le faire. Cela dit, avant de vous les présenter, voyons dans un premier temps certains principes fondamentaux pour la navigation.

***Gérer** votre cache*

Le cache de votre navigateur constitue incontestablement une fonctionnalité essentielle qui assure un confort de navigation dont il serait dommage de se priver. En outre, il représente un paramètre incontournable pour augmenter la vitesse d'affichage des pages que vous avez déjà visitées. De quelle façon ? C'est ce que nous allons voir dès maintenant.

Le rôle du cache

L'intérêt d'un cache logiciel consiste à sauvegarder dans un espace réservé de votre disque dur les données que vous consultez. De cette façon, lorsque vous devez y retourner, il n'est plus nécessaire de vous reconnecter en ligne pour transférer, dans le cas du navigateur, une nouvelle fois la page web correspondante. De fait, Internet Explorer récupère directement les données à partir de votre disque dur, ce qui présente deux avantages de taille : une vitesse d'affichage bien plus rapide que lorsque vous devez vous connecter à un serveur, et la possibilité de naviguer sans se connecter à Internet, ce qui signifie des économies de communication très intéressantes si vous disposez d'un accès bas débit via une ligne téléphonique.

Toutefois, utiliser un cache n'est pas toujours idéal. Dans certains cas, il constitue une source d'erreurs dont il faut se méfier. Par exemple, lorsque vous consultez une page qui contient des informations susceptibles de changer plusieurs fois par jour, vous risquez de visualiser une ancienne version du document, non remise à jour. Dès lors, pour y remédier, il convient de paramétrer correctement votre cache.

Autre inconvénient : la fragmentation des données. De fait, les opérations d'enregistrement sur le cache sont très fréquentes et cela implique une fragmentation des données. Cela signifie que les fichiers sont enregistrés à différents endroits du disque dur, ce qui implique des temps d'accès plus longs.

Les clusters

Le cache d'Internet Explorer contient généralement des fichiers de très petite taille (entre 1 Ko et 10 Ko). Or, ces derniers occuperont toujours un bloc entier (que l'on appelle cluster) de votre disque, contribuant ainsi au phénomène de fragmentation. Concrètement, avec les disques de forte capacité (qui offrent plusieurs gigas d'espace de stockage), un cluster représente 16 Ko, ce qui occasionne par exemple une perte de 14 Ko pour le stockage d'un fichier de 2 Ko.

En outre, lorsque vous enregistrez d'autres fichiers sur votre disque (logiciels, documents de travail, etc.), ces derniers peuvent également être fragmentés en fonction de l'occupation de votre cache, si les fichiers temporaires qu'il contient sont éparpillés sur votre disque. Là encore, pour remédier à ce type de problème, vous devrez paramétrer correctement votre cache.

Défragmentation

Le système Windows Vista propose un outil spécifique pour défragmenter votre disque dur et remettre un peu d'ordre dans vos fichiers. Cette opération doit se faire régulièrement (une fois par mois, par exemple) pour conserver des temps d'accès au disque optimums.

Pour accéder au défragmenteur de Windows Vista, sélectionnez la commande **Tous les programmes\Accessoires\Outils système \Défragmenteur de disque** du menu **Démarrer** de la barre des tâches de Windows.

Paramétrer le cache

Pour utiliser ou accéder correctement à votre cache, il convient de le paramétrer en fonction de vos besoins et de votre environnement de travail.

1 Démarrez Internet Explorer et sélectionnez la commande **Options Internet** du menu **Outils**.

2 Dans la boîte de dialogue qui s'affiche, sous l'onglet **Général**, cliquez sur le bouton **Supprimer** de la section *Historique de navigation*.

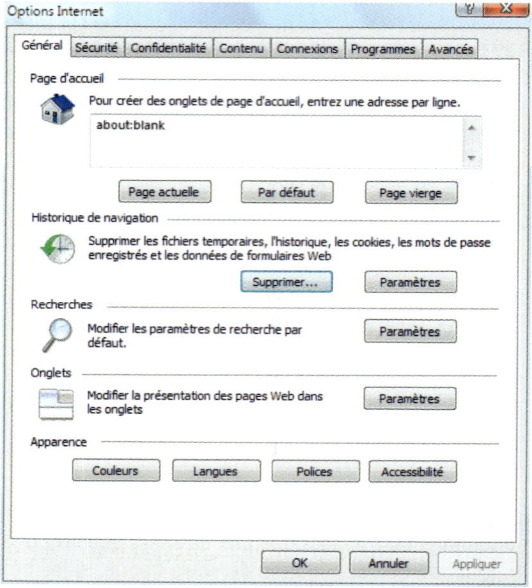

3 Dans la boîte de dialogue qui s'affiche, vous disposez de plusieurs commandes pour nettoyer votre système.

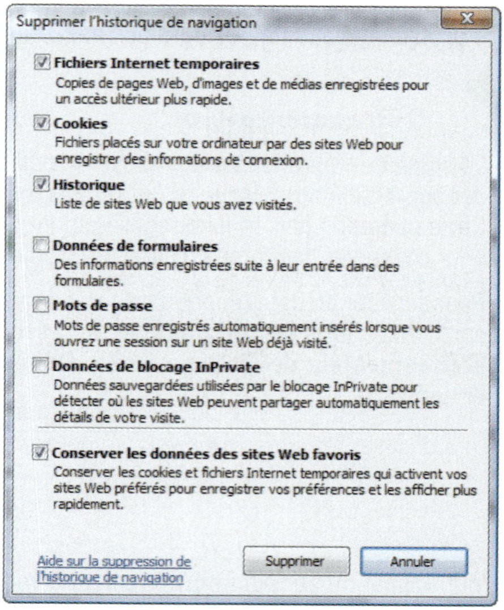

Confidentialité

Toutes les commandes de suppression de fichiers disponibles dans la boîte de dialogue **Supprimer l'historique de navigation** permettent d'effacer de votre machine toute trace de navigation. Cela constitue une technique particulièrement fiable pour préserver la confidentialité de vos données si vous partagez votre ordinateur avec d'autres utilisateurs. Notez que vous pouvez utiliser le bouton **Tout supprimer** pour effacer, d'un seul clic, l'ensemble des informations personnelles et de navigation enregistrées sur votre ordinateur.

- **Fichiers Internet temporaires** : suppression de tous les fichiers contenus dans le cache d'Internet Explorer.
- **Cookies** : suppression des fichiers qui permettent de vous identifier sur certains sites web.
- **Historique** : effacement de la liste des sites web que vous avez visités récemment.
- **Données de formulaires** : suppression de toutes les informations saisies dans les champs des formulaires que vous avez remplis sur certains sites web.
- **Mot de passe** : suppression des mots de passe que vous avez entrés sur certains sites web.
- **Données de blocage InPrivate** : permet d'effacer toutes les informations enregistrées par le module InPrivate pour identifier les sites qui ont la permission d'accéder à certaines de vos données lorsque vous consultez leurs pages.
- **Conserver les données des sites Web favoris** : conserve les cookies et les fichiers Internet temporaires qui permettent de vous identifier automatiquement sur certains services.

4 Cliquez ensuite sur le bouton **Supprimer** pour effacer les informations de votre choix et retourner dans la boîte de dialogue précédente.

5 Passons maintenant à la configuration de votre cache. Cliquez sur le bouton **paramètres** de la section *Historique de navigation*.

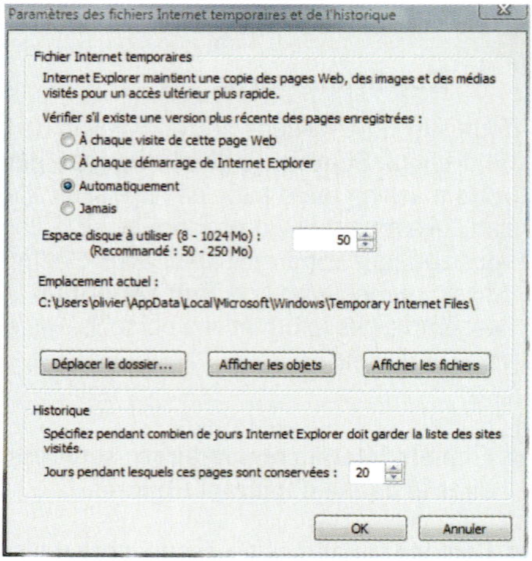

6 Dans la boîte de dialogue **Paramètres**, vous allez pouvoir définir la façon dont le cache doit fonctionner. Ainsi, quatre options vous sont offertes pour vérifier s'il existe une nouvelle version de la page que vous souhaitez consulter. L'option *A chaque visite de cette page Web* permet de désactiver le cache et de ne pas utiliser cette fonctionnalité, l'option *A chaque démarrage de Internet Explorer* permet de vérifier les mises à jour des documents contenus dans le cache à chaque nouvelle exécution du navigateur, *automatiquement* constitue probablement la meilleure solution (elle consiste à laisser Internet Explorer gérer le fonctionnement du cache lui-même) et *jamais* qui représente certes la solution la plus rapide (utilisation systématique du cache) mais aussi celle qui représente le plus de risques (vous pouvez effectivement afficher des documents non remis à jour, sans vous en apercevoir).

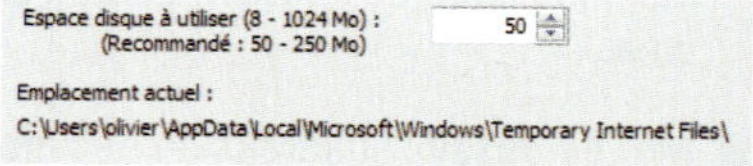

7 Sous les sections *Espace disque à utiliser* et *Emplacement actuel*, vous avez la possibilité de redéfinir la taille du cache et de déplacer son dossier. Notez que la place attribuée par défaut à votre cache représente 50 Mo sur votre disque. Dès lors, si vous avez besoin de plus d'espace pour enregistrer les pages des sites que vous avez visités, ou si vous utilisez très fréquemment votre cache pour naviguer hors connexion, vous pouvez augmenter sa taille en inscrivant une nouvelle valeur dans la zone de texte prévue à cet effet.

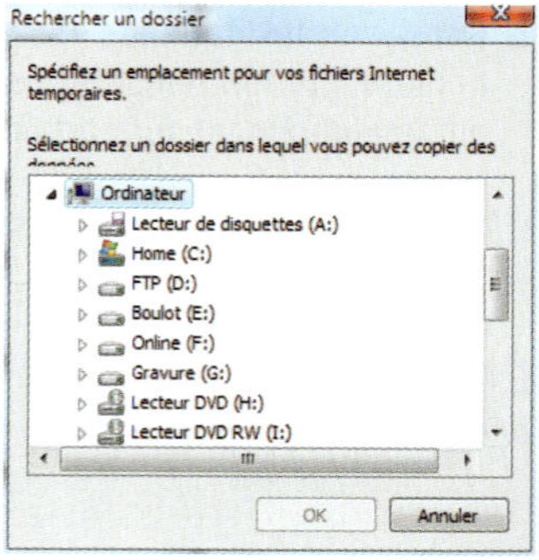

8 Par défaut, le cache d'Internet Explorer est créé sur le disque *C:* dans le répertoire *Temporary Internet Files*. Pour éviter la fragmentation de ce disque, rien ne vous interdit de déplacer le cache sur un autre disque, réservé par exemple à toutes vos applications Internet. Il suffit, dans ce cas, de cliquer sur le bouton **Déplacer le dossier** et de sélectionner un nouveau disque dans la nouvelle boîte de dialogue qui s'affiche ensuite.

9 Pour visualiser le contenu du répertoire *Temporary Internet Files*, cliquez sur le bouton **Afficher les fichiers**.

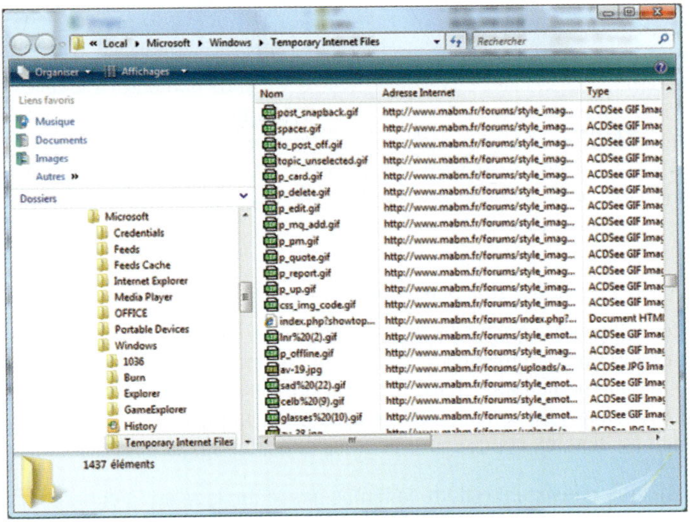

10 Pour visualiser tous les programmes et autres documents que vous avez téléchargés sous le répertoire *C:\WINDOWS\Downloaded Program Files* par défaut, cliquez sur le bouton **Afficher les objets**.

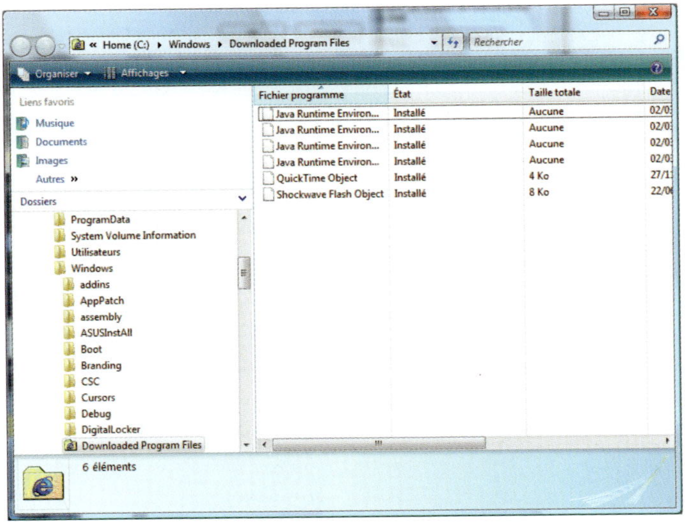

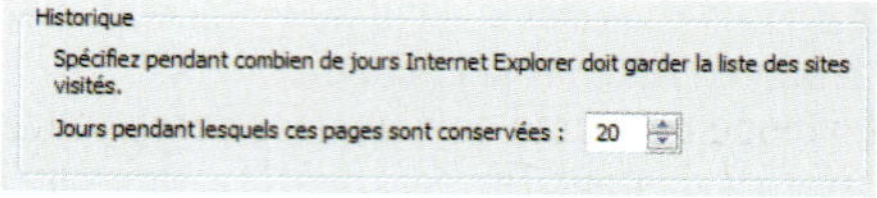

11 Comme vous pouvez le constater sous la section *Historique* de la boîte de dialogue **Paramètres des fichiers Internet temporaires et de l'historique**, vous pouvez également gérer l'historique d'Internet Explorer. Celui-ci désigne un fichier spécifique où se trouvent enregistrées toutes les adresses des sites que vous visitez. Dès lors, vous pouvez indiquer la durée de conservation de toutes ces adresses en inscrivant, sous le champ *Jours pendant lesquels ces pages sont conservées*, un chiffre qui représente le nombre de jours.

Navigation hors connexion

Pour les utilisateurs qui ne disposent pas encore d'un accès permanent et illimité à Internet, la question des coûts de communication constitue un problème non négligeable. C'est pourquoi les fonctions qui permettent de réduire les temps de consultation en ligne ne manquent pas d'intérêt et il convient de bien les comprendre pour les exploiter efficacement.

La technique consiste à réduire le temps passé en ligne en téléchargeant rapidement les pages qui vous intéressent pour les consulter ensuite, une fois la communication téléphonique coupée. Ce principe repose sur le dispositif de cache que nous venons de présenter. Il vous suffira d'utiliser l'historique de votre navigateur en spécifiant auparavant que vous n'êtes pas connecté à Internet.

1 Démarrez Internet Explorer

2 Sélectionnez la commande **Travailler hors connexion** du menu **Outils**.

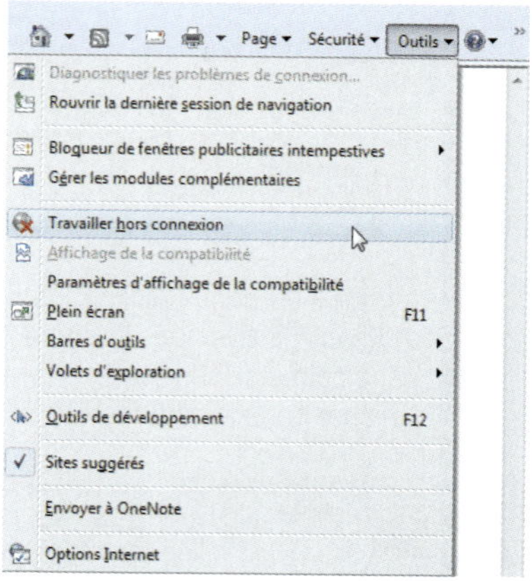

Utiliser l'historique

En mode connecté ou non, vous serez souvent amené à utiliser l'historique de votre navigateur. Dès lors, il faut savoir que la liste des adresses que vous avez visitées se trouve stockée à différents endroits, trois emplacements plus précisément : dans un dossier historique sur votre disque dur, dans la liste déroulante de la barre d'adresse d'Internet Explorer et dans la liste déroulante des boutons **Précédente** et **Suivante** de la barre d'outils.

Concrètement, si vous souhaitez visualiser une page déjà affichée à partir de l'historique, plusieurs moyens s'offrent à vous.

1 À partir de la barre d'adresse d'Internet Explorer, cliquez sur la tête de la flèche pour ouvrir la liste déroulante. Comme vous pouvez le constater, une série d'adresses apparaît. Cela dit, gardez bien à l'esprit que celle-ci ne conserve en mémoire que les adresses que vous avez saisies, et non celles que vous avez visitées en cliquant sur des liens.

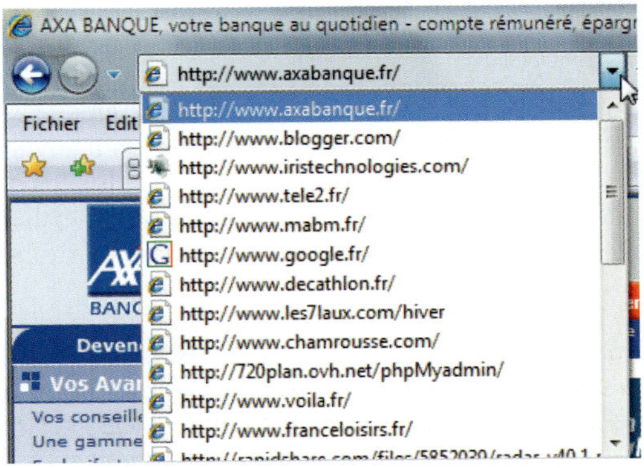

2 Il ne vous reste plus qu'à cliquer sur une de ces adresses pour afficher immédiatement la page correspondante dans la fenêtre principale d'Internet Explorer.

3 Autre méthode : sélectionnez la commande **Volet d'exploration/Historique** à partir du menu déroulant disponible en cliquant sur le bouton **Outils** de la fenêtre principale d'Internet Explorer. Notez que vous pouvez également presser simultanément les touches Ctrl+Maj+H.

4 Cette fois-ci, le menu historique s'affiche directement dans l'interface principale du navigateur, sous la forme d'un volet vertical. Comme vous pouvez le voir, les pages apparaissent sous la forme d'un menu et il suffit de cliquer dessus pour les afficher dans le cadre de droite.

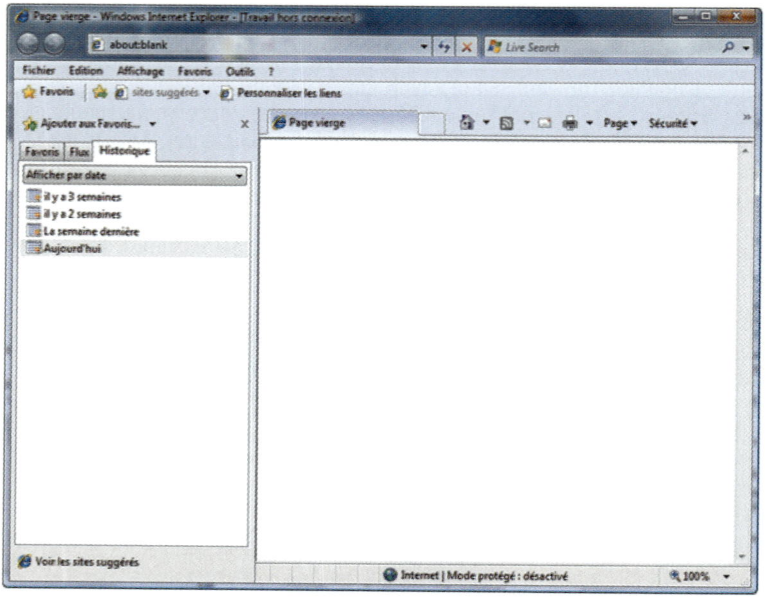

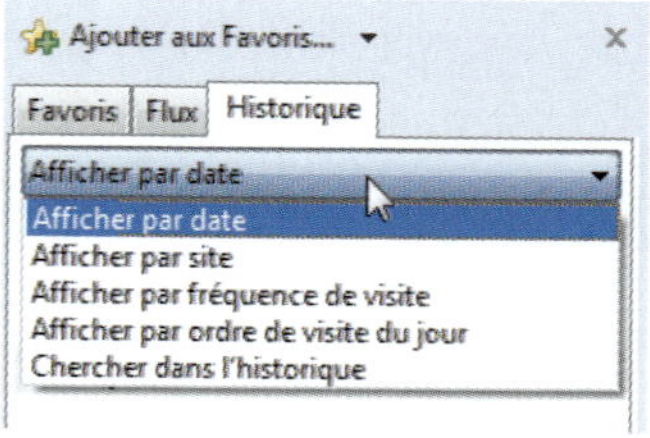

5 Notez que vous pouvez classer le contenu de l'historique en cliquant, sous le volet de l'historique et juste en dessous de l'intitulé **Historique** de l'onglet, sur une liste déroulante conçue à cet effet. Vous afficherez ainsi un menu déroulant qui propose plusieurs commandes de tri. Vous pouvez effectivement effectuer ici un classement par date, par site, par fréquence de visite (ordre décroissant) ou par ordre de visite du jour.

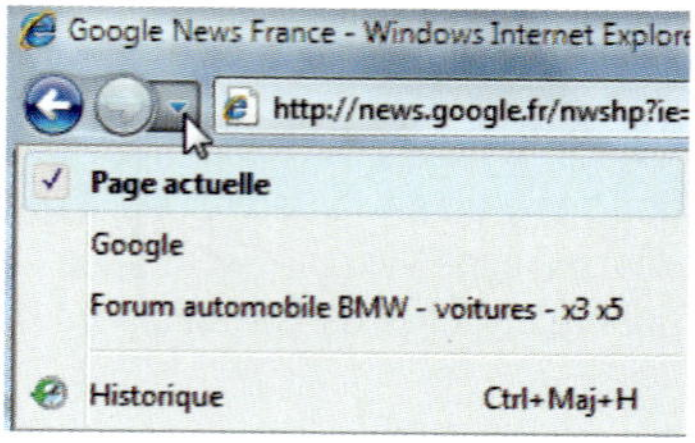

6 Comme nous l'avons dit précédemment, les boutons **Précédente** et **Suivante** de la barre d'outils sauvegardent également votre historique sous la forme d'une liste déroulante. Cela dit, cette liste n'est disponible que pendant votre session de travail et elle ne sera plus accessible lorsque vous aurez quitté Internet Explorer et que vous l'aurez redémarré. Notez également que cette liste est limitée à un maximum de neuf adresses : les nouvelles écraseront systématiquement les anciennes.

Pour accéder à cette liste, il suffit de cliquer sur la tête de la flèche qui apparaît dans le bouton **Précédente** ou **Suivante** de la barre d'outils, et de sélectionner un des sites proposés.

Astuce express

Si vous laissez le pointeur de votre souris sur le bouton **Précédente** ou **Suivante** de la barre d'outils, une info-bulle s'affichera pour vous indiquer le site précédent ou suivant à visiter.

Personnaliser votre navigation

Il existe plusieurs moyens de définir vos goûts en matière de navigation sur le Web avec Internet Explorer. Voyons cela de plus près.

Définir vos couleurs

Si vous trouvez que les goûts des créateurs de sites web laissent souvent à désirer, sachez que vous pouvez déterminer, pour tous les sites, la couleur du texte et de l'arrière-plan.

1 Démarrez Internet Explorer

2 Sélectionnez la commande **Options Internet** du menu **Outils**.

3 Sous l'onglet **Général** de la boîte de dialogue qui vient de s'afficher, cliquez sur le bouton **Couleurs**.

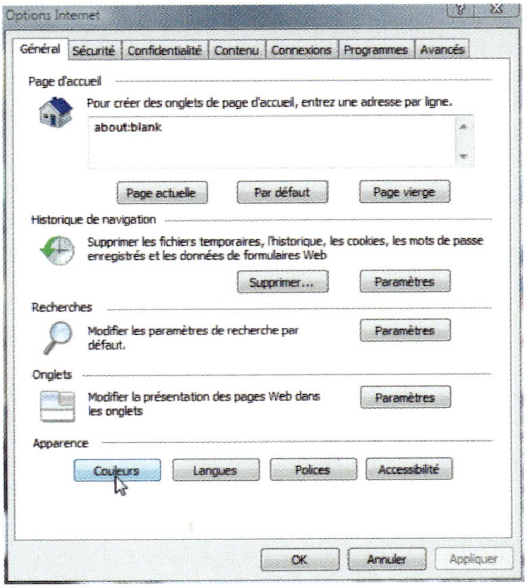

4 Une nouvelle boîte de dialogue s'affiche. Par défaut, les couleurs du texte et du fond sont déterminées par Windows. Si vous souhaitez le faire à sa place, désactivez l'option *Utiliser les couleurs Windows* pour rendre opérationnelles les deux couleurs accessibles par les boutons **Texte** et **Arrière-plan**.

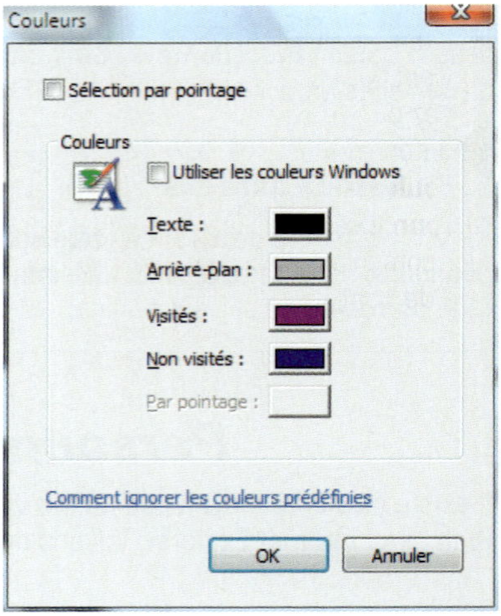

Sélection

Vous pouvez sélectionner différents éléments d'une page web, un lien par exemple, en les survolant simplement avec la flèche de votre souris. Si cette technique vous intéresse, cochez l'option *Sélection par pointage*.

5 En cliquant par exemple sur le bouton **Texte**, une palette de couleurs s'affiche. Il suffit de sélectionner celle qui vous intéresse.

6 Si aucune couleur ne vous convient, vous pouvez cliquer sur le bouton **Définir les couleurs personnalisées** pour composer celle de votre choix.

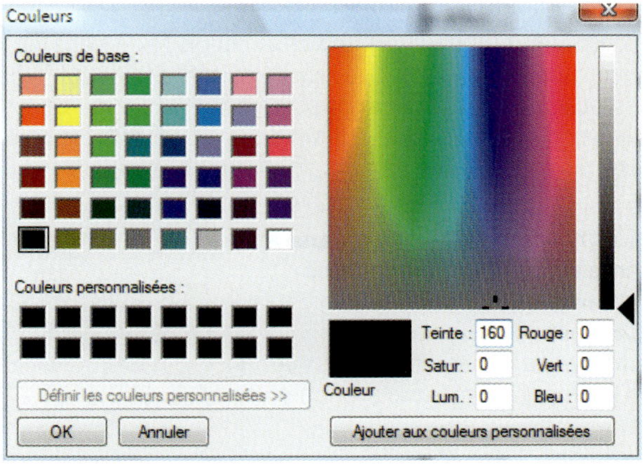

7 Pour définir et modifier la couleur des liens hypertexte sur une page, vous disposez du même système de palettes accessible par les boutons **Visités** et **Non visités**. Les liens apparaissent par défaut en bleu lorsque vous n'avez pas encore cliqué dessus, et en mauve lorsque vous avez déjà affiché la page vers laquelle ils pointent. Notez que si vous cochez l'option *Sélection par pointage*, vous pouvez déterminer une couleur spécifique qui mettra en évidence les liens d'une page web lorsque le pointeur de votre souris les survolera.

8 Retournez sous l'onglet **Général** de la boîte de dialogue **Options Internet** et cliquez cette fois-ci sur le bouton **Polices**.

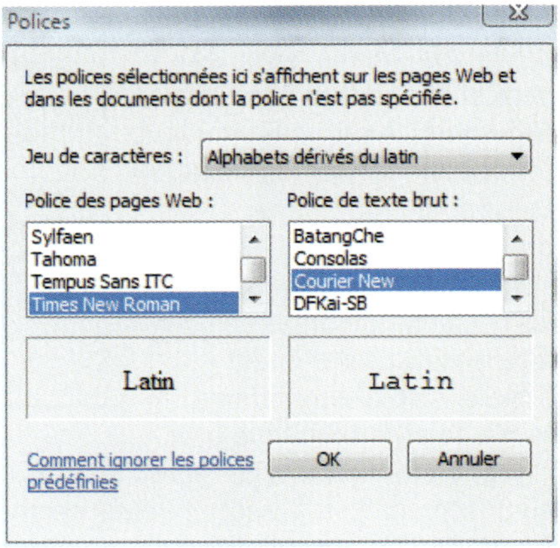

9 La boîte de dialogue qui s'affiche permet de spécifier le type de police que vous souhaitez utiliser sur le Web et pour le texte (dans les formulaires que vous remplissez par exemple). La liste déroulante dédiée au Web propose une police à espacement proportionnel, ce qui signifie que chaque caractère occupe une largeur qui lui est propre. À l'inverse, la liste déroulante dédiée au texte propose une police à espacement fixe, où chaque caractère offre une taille identique.

10 De retour sous l'onglet **Général** de la boîte de dialogue **Options Internet**, cliquez sur le bouton **Langues** pour éventuellement changer de langue, si votre version d'Internet Explorer vous le permet.

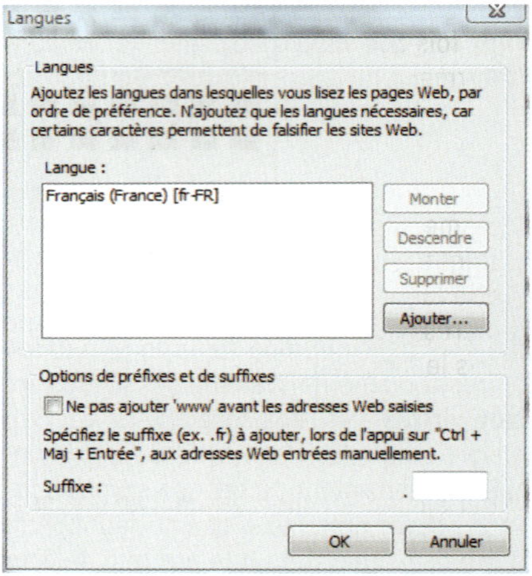

11 Enfin, le bouton **Accessibilité** vous permet de définir vos propres règles de mise en forme pour consulter les pages web. Ainsi, vous avez la possibilité d'ignorer les couleurs et les polices spécifiées sur les documents, ainsi que leur taille. Dans certains cas, surtout pour les personnes victimes de déficience visuelle, il peut s'avérer utile d'exploiter une feuille de style spécifique pour mettre en forme les pages consultées en ligne. Il suffit d'indiquer son emplacement sous la section *Feuille de style utilisateur* en cliquant sur l'option *Mettre les documents en forme en utilisant ma feuille de style* et en utilisant le bouton **Parcourir**.

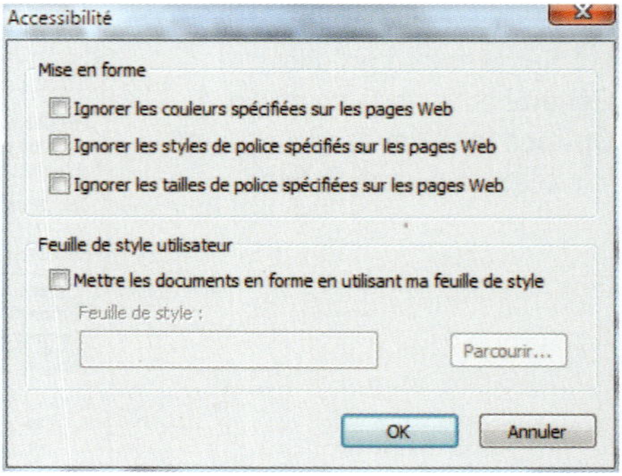

Feuilles de style

Les feuilles de style conçues pour les utilisateurs qui ont des problèmes visuels sérieux sont généralement disponibles gratuitement sur des sites spécialisés dédiés à la santé et à certains handicaps.

Une fois que vous aurez spécifié toutes vos préférences, cliquez sur OK pour refermer la boîte de dialogue **Options Internet** et pour valider vos choix.

Gérer *les favoris*

Comme nous l'avons dit, les favoris représentent un espace spécifique du navigateur conçu pour enregistrer les adresses web que vous lui indiquez. De cette façon, vous n'êtes pas obligé de ressaisir leur URL dans la barre d'adresse d'Internet Explorer, il suffit en fait de sélectionner le nom du site dans le menu **Favoris**.

Enregistrer une adresse

Pour ajouter un site dans la liste de vos favoris, plusieurs possibilités s'offrent à vous :

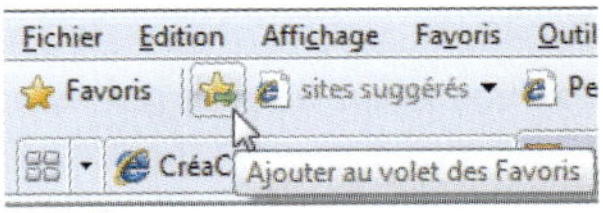

1 Connectez-vous sur le site web qui vous intéresse, puis cliquez sur le bouton **Ajouter aux favoris** disponible dans la barre d'outils du navigateur. Notez que vous pouvez également presser simultanément les touches [Alt]+[Z]. L'adresse du site correspondant est immédiatement enregistrée dans le volet des favoris.

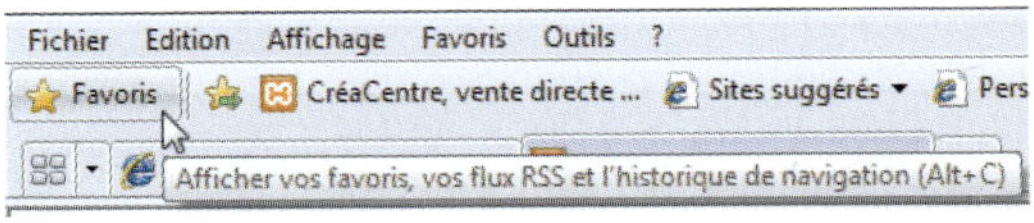

2 Autre technique : cliquez sur le bouton **Favoris** disponible dans la barre d'outils d'Internet Explorer.

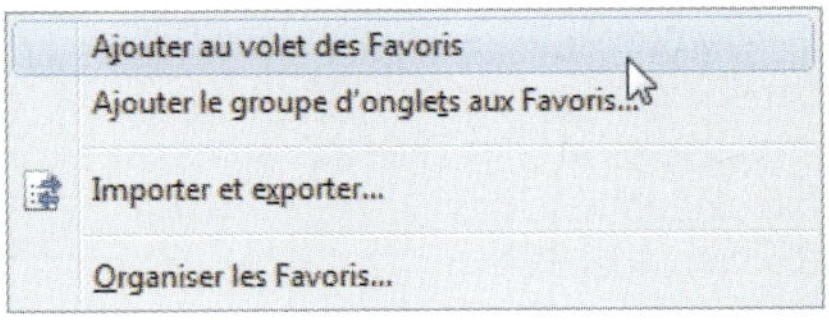

3 Un volet s'affiche. Cliquez sur l'onglet **Favoris**.

4 Cliquez sur le menu déroulant disponible sous le volet **Favoris**. Sélectionnez la commande **Ajouter au volet des favoris**.

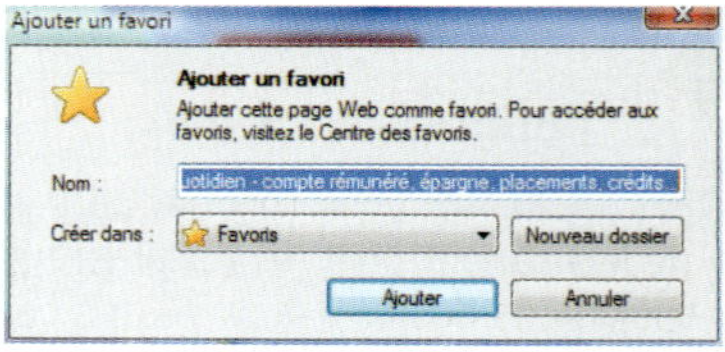

5 Une boîte de dialogue vous demandera de confirmer votre choix. Cliquez sur le bouton **Ajouter**. Le nom du site sera ajouté à la liste. Comme vous pouvez le voir, vous disposez d'une liste déroulante spécifique pour, si vous le souhaitez, indiquer l'emplacement de votre choix pour enregistrer l'adresse de votre site.

6 Pour retourner sur ce site plus tard, cliquez sur le bouton **Centre des favoris** disponible dans la barre d'outils du navigateur. Repérez le nom du site dans la liste. Un clic lancera la connexion.

Organiser les favoris

1 À présent, sélectionnez le bouton **Favoris** disponible dans la barre d'outils du navigateur.

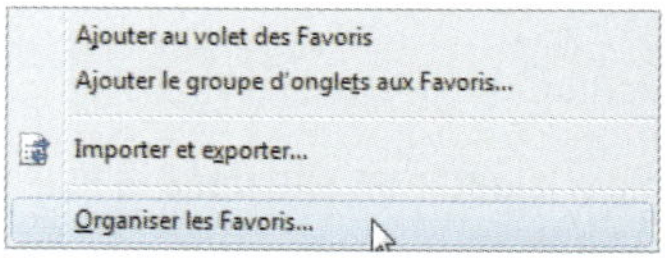

2 Dans le volet qui s'affiche, cliquez sur l'onglet **Favoris** et sélectionnez la commande **Organiser les favoris** à partir du menu déroulant que vous aviez utilisé précédemment pour enregistrer l'adresse d'un site.

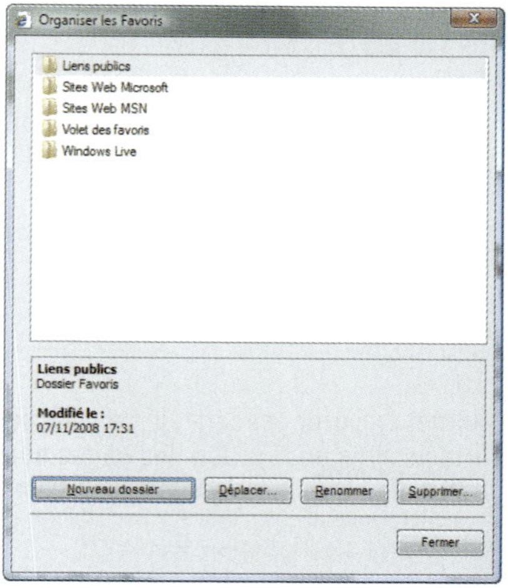

3 Vous allez pouvoir nettoyer ici votre liste si elle est devenue trop importante et difficile à gérer : sélectionnez les sites superflus et cliquez sur le bouton **Supprimer**,

4 Vous pouvez également créer des dossiers thématiques pour organiser toutes vos adresses. Sélectionnez le bouton **Nouveau dossier** pour créer un dossier et déplacez-y les sites appropriés. Il suffit de les sélectionner avec votre souris et de les déposer dans le nouveau dossier. Vous organiserez ainsi la liste des adresses par catégorie, ce qui vous permettra d'y voir plus clair.

5 Pour renommer l'intitulé d'un favori ou d'un dossier, sélectionnez-le et cliquez sur le bouton **Renommer**. Il suffit ensuite de saisir le nouveau nom.

6 Pour modifier l'emplacement d'un favori ou d'un dossier, sélectionnez-le et cliquez tout simplement sur le bouton **Déplacer**. Il suffit ensuite d'indiquer le nouvel emplacement.

7 Notez que vous pouvez accéder à toutes les fonctionnalités de gestion des favoris en utilisant le volet du même nom. Il suffit de cliquer sur le bouton **Favoris** de la barre d'outils d'Internet Explorer pour afficher, dans un cadre à gauche de la fenêtre, toute la liste de vos adresses sous forme de dossiers et de raccourcis.

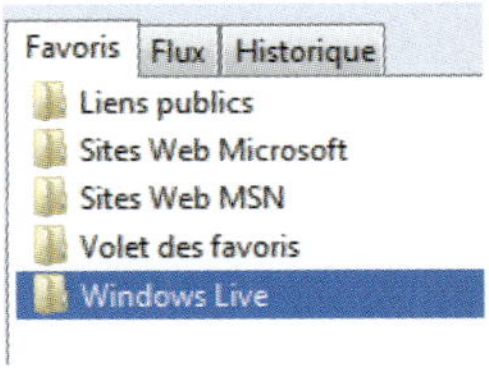

8 Toutes les commandes de gestion des favoris sont disponibles dans le menu contextuel de la souris. Il suffit de sélectionner l'élément de votre choix, un dossier ou un favori, avec le bouton droit de la souris pour afficher toutes les commandes de gestion disponibles.

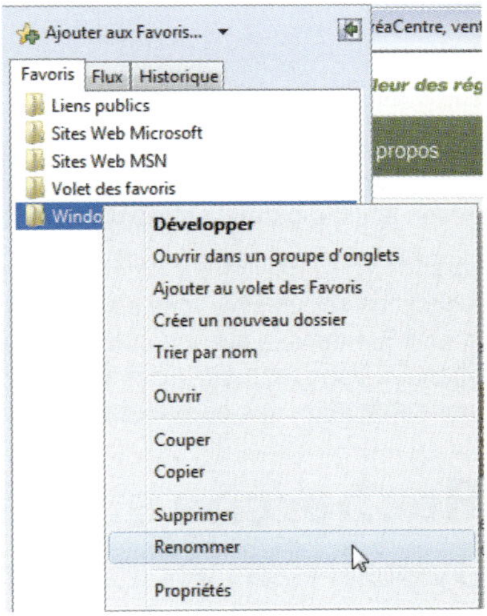

9 Notez que pour déplacer un dossier ou un favori dans le volet que vous venez d'afficher, il suffit de le sélectionner avec la souris et, tout en maintenant le bouton enfoncé, de le déposer à l'endroit de votre choix (méthode du glisser-déposer).

Les sites suggérés

Internet Explorer est capable de vous suggérer, en temps réel, l'adresse de certains sites en fonction des pages que vous affichez dans sa fenêtre. Pour profiter de cette fonctionnalité, la technique est simple.

1 Démarrez Internet Explorer.

2 Connectez-vous sur la page d'accueil du site de votre choix.

3 Cliquez sur le bouton **Sites suggérés** disponible dans la barre d'outils d'Internet Explorer.

4 Un menu déroulant s'affiche et vous propose l'adresse de cinq sites web. Sélectionnez celle qui vous intéresse pour vous connecter immédiatement sur le site correspondant. Si vous souhaitez obtenir plus d'adresses, cliquez sur le lien *Plus de suggestions*.

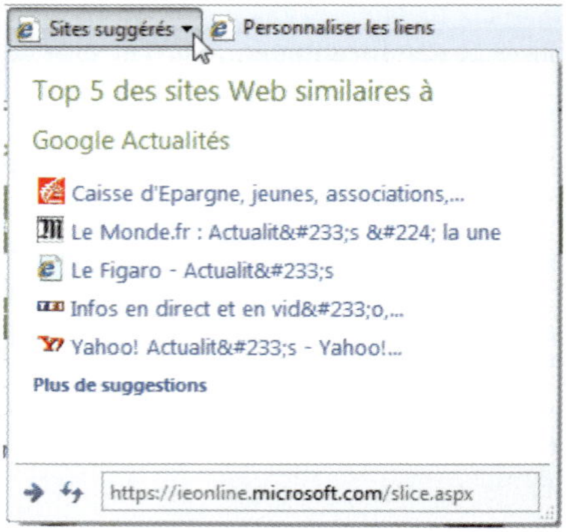

Les webslices

À l'instar des flux RSS, les webslices vous permettent de vous tenir informé de la publication de nouvelles informations sur un site, et plus particulièrement lorsqu'elles apparaissent dans une section bien définie d'une page.

Lorsque votre navigateur détecte la présence des webslices sur un site, vous disposez d'un bouton spécifique dans la barre d'outils pour vous abonner. Vous recevrez ainsi automatiquement une notification dès pour toute nouvelle information qui y sera publiée.

Recherche et multimédia avec Internet Explorer

Pour une utilisation avancée de votre navigateur, Internet Explorer propose des fonctions spécifiques pour la recherche et le multimédia.

La *recherche*

La recherche constitue probablement l'activité la plus répandue parmi toute la communauté des internautes. En ce sens, il existe un nombre considérable d'outils de recherche sur le Web pour vous faciliter vos investigations. Mais avant d'en passer par eux, pourquoi ne pas utiliser ceux que vous propose Internet Explorer.

Une recherche intégrée

Pour profiter des fonctionnalités de recherche d'Internet Explorer sur le Web, vous devez auparavant vous connecter à Internet car elle ne fonctionne pas en mode déconnecté.

1 Démarrez votre navigateur.

2 Saisissez, dans la zone de texte conçue à cet effet et placée dans la barre d'outils du navigateur, un ou plusieurs mots-clés correspondant à votre recherche. Notez que le navigateur affiche un menu déroulant au moment de la saisie et vous propose, via son service de recherche Live Search, une liste d'adresses pouvant correspondre aux termes de votre choix.

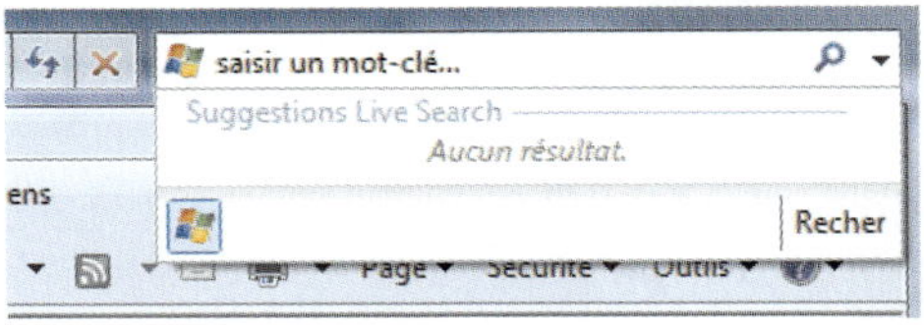

3 Cliquez sur le bouton à droite de la zone de texte ou validez votre saisie par ↵ pour démarrer la recherche.

4 Le résultat de votre recherche s'affiche dans votre navigateur. Comme vous pouvez le constater, Internet Explorer a automatiquement exploité les services du moteur de recherche de Microsoft : Live Search.

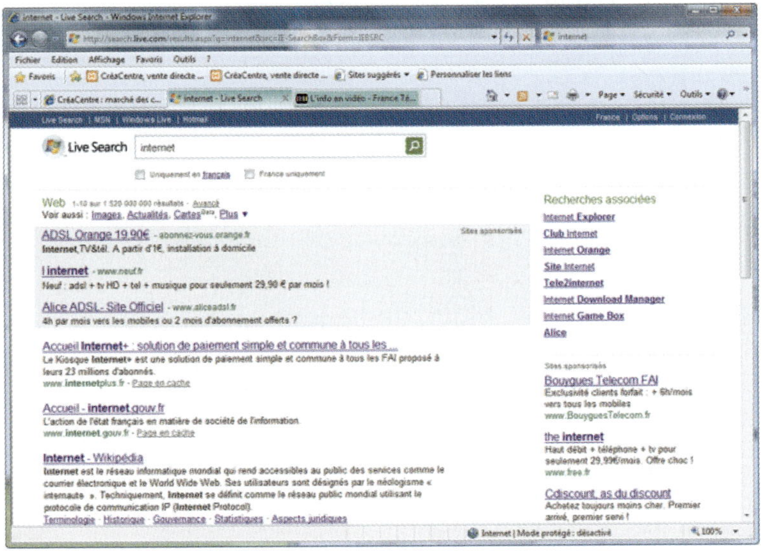

Bien entendu, vous avez la possibilité d'utiliser d'autres moteurs de recherche ou de modifier certains paramètres pour traiter vos requêtes.

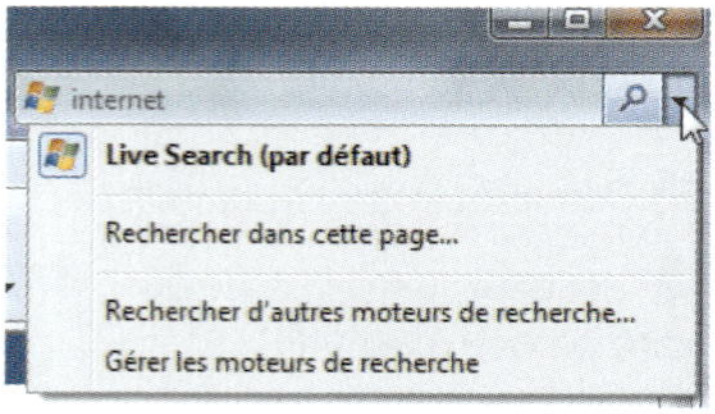

1 Toujours à partir de la zone de texte dédiée à vos recherches dans la barre d'outils d'Internet Explorer, cliquez sur la flèche du bouton que vous avez utilisé précédemment. Un menu déroulant s'affichera immédiatement.

2 La seconde commande, intitulée **Recherche dans cette page**, permet de limiter la portée de la recherche (des mots-clés que vous venez de saisir) à la page affichée dans la fenêtre courante d'Internet Explorer, et non plus dans tout le Web avec le service Live Search de Microsoft.

3 Sélectionnez la commande **Rechercher d'autres moteurs de recherche** pour ajouter de nouveaux moteurs de recherche dans la fonction de recherche intégrée à Internet Explorer.

4 Dans la nouvelle page qui s'affiche, cliquez sur le moteur de recherche que vous souhaitez ajouter dans votre navigateur.

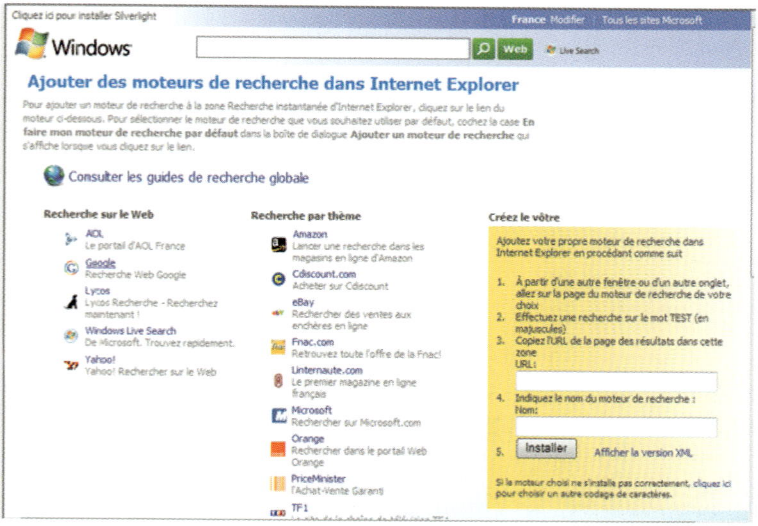

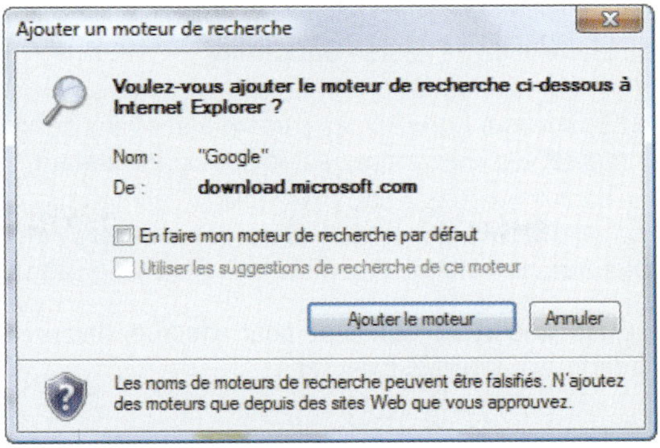

5 Une boîte de dialogue apparaît pour confirmer votre choix. Notez que vous pouvez utiliser le moteur de recherche sélectionné comme service de recherche par défaut, à la place de celui de Live Search. Il suffit de cocher l'option *En faire mon moteur de recherche par défaut* avant de cliquer sur le bouton **Ajouter le moteur**.

6 Pour personnaliser la configuration de la recherche, sélectionnez la commande **Gérer les moteurs de recherche**.

7 Dans la fenêtre **Gérer les modules complémentaires Internet Explorer** qui s'affiche, sélectionnez le moteur de recherche de votre choix et cliquez sur le bouton **Par défaut** pour l'utiliser systématiquement lorsque vous saisissez des mots clés dans la zone de texte prévue à cet effet dans la barre d'outils d'Internet Explorer.

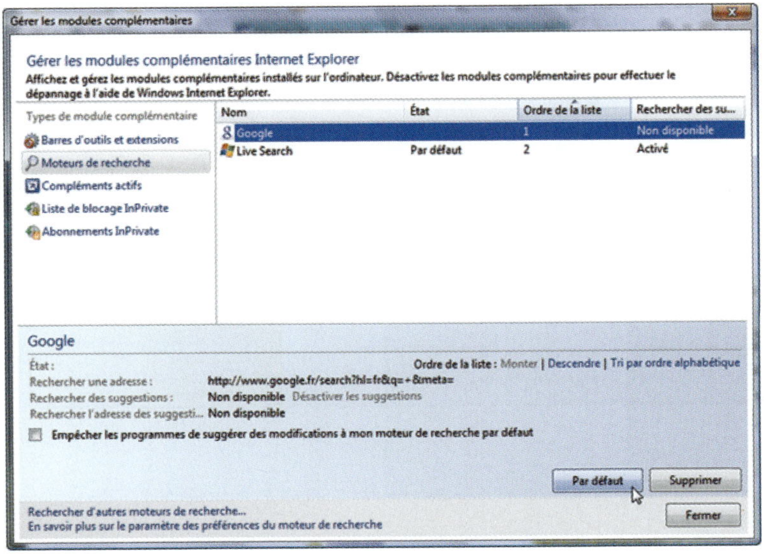

8 Pour supprimer un service de recherche, sélectionnez-le et cliquez tout simplement sur le bouton **Supprimer**.

9 Enfin, pour retrouver les paramètres initiaux de la fonction de recherche d'Internet Explorer, cliquez sur le bouton **Par défaut**.

10 Validez par OK la fenêtre **Gérer les modules complémentaires Internet Explorer** pour enregistrer votre nouvelle configuration personnalisée.

Il existe une autre technique pour effectuer des recherches à partir de l'interface d'Internet Explorer.

1 Démarrez Internet Explorer

2 Sélectionnez la commande **Volet d'exploration/Rechercher** du menu **Outils**.

3 Cette fois-ci, un espace de recherche s'affiche directement dans l'interface principale du navigateur, sous la forme d'un volet vertical.

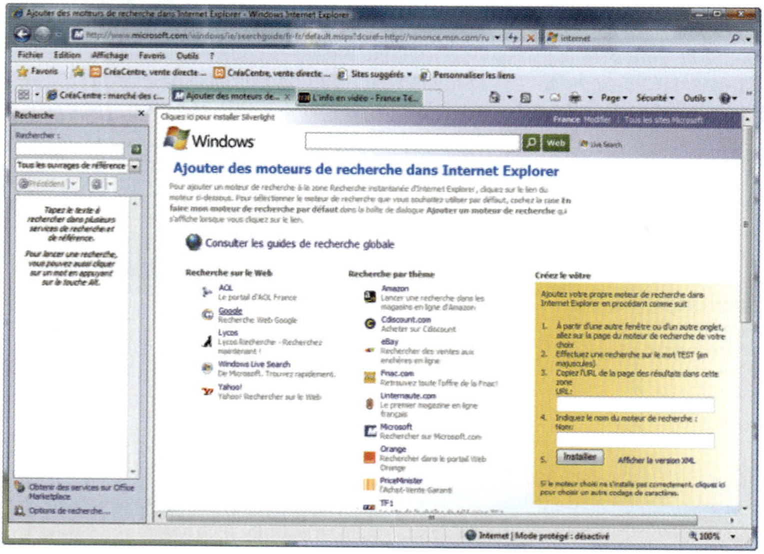

4 Vous disposez ici de plusieurs options pour vos recherches. La méthode la plus simple et la plus rapide consiste à inscrire un ou plusieurs mots clés sous le champ *Rechercher* et de cliquer sur le bouton **Démarrer la recherche** pour lancer la requête. Le résultat sera fourni par différents services référencés dans votre navigateur (dictionnaires ou encyclopédies en ligne, par exemple).

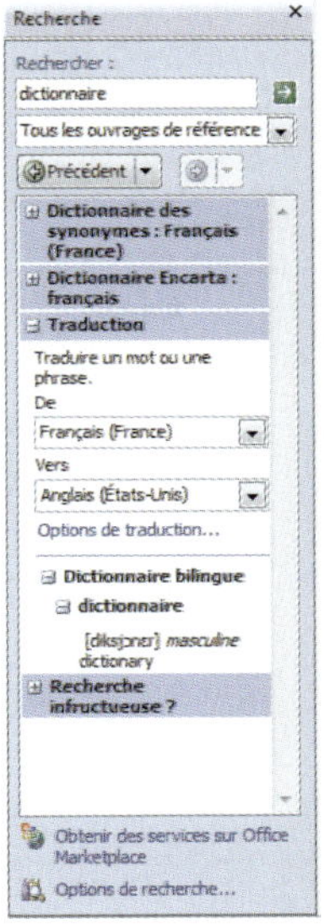

Personnaliser vos recherches

Certains services de recherche proposés par défaut par Microsoft peuvent ne pas vous convenir. Dans ce cas, vous pouvez indiquer vos préférences.

1 À partir du volet de recherche, cliquez sur le lien *Options de recherche*.

2 Une nouvelle fenêtre s'affiche et vous allez pouvoir rajouter de nouveaux outils de recherche selon les partenariats conclus par Microsoft.

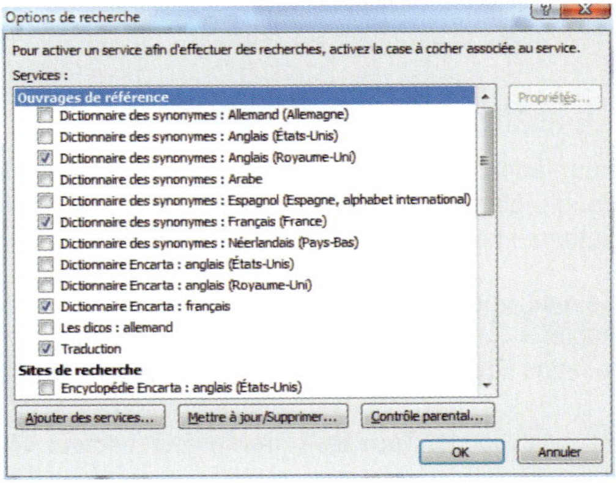

3 Comme vous pouvez le constater, pour le moment, il n'existe pas beaucoup de services supplémentaires. Pour en ajouter de nouveaux, cliquez sur le bouton **Ajouter des services**.

4 Dans la boîte de dialogue qui s'affiche, indiquez l'adresse du service que vous souhaitez ajouter dans la liste des services de recherche.

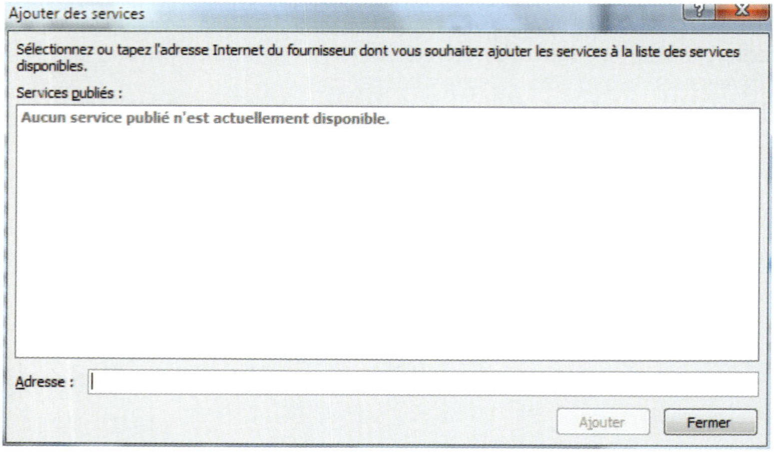

5 Refermez la fenêtre en cliquant sur le bouton **Fermer**. Le service a été ajouté dans la liste existante.

Le *multimédia*

Avec le temps, le Web s'est enrichi de nombreux contenus. Et, pour en profiter, vous disposez avec Windows Vista d'un lecteur multimédia parfaitement adapté à la navigation sur la toile. Il intègre une multitude de commandes pour exploiter et gérer au mieux toutes les ressources disponibles sur Internet.

Le lecteur Windows Média

Pour lancer le lecteur Windows Media, il suffit généralement de double-cliquer directement sur un fichier son ou vidéo. Le lecteur se chargera automatiquement en mémoire, et le fichier sera immédiatement lu.

Cela dit, vous pouvez également démarrer le lecteur en n'exécutant aucun fichier. Il suffit alors de sélectionner la commande appropriée en passant par le menu **Démarrer** de la barre des tâches de Windows.

1 Sélectionnez **Tous les programmes/Lecteur Windows Media**.

2 La fenêtre du lecteur multimédia apparaît à l'écran. Cliquez sur le bouton **Bibliothèque**.

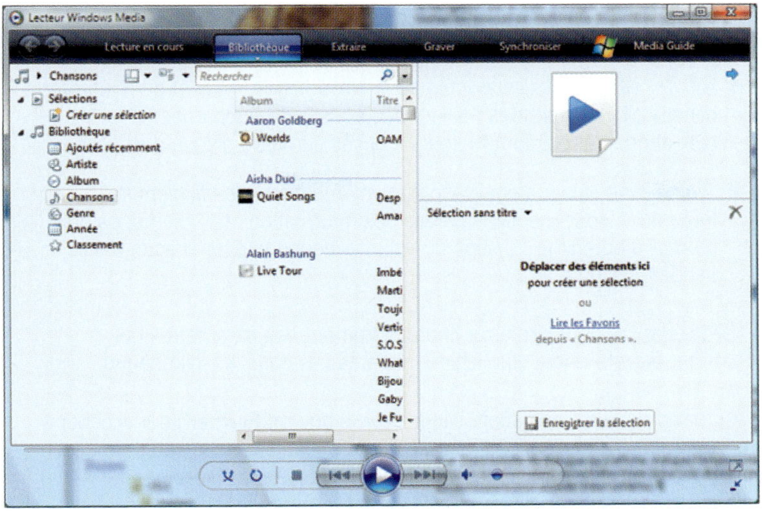

3 En général, lors d'une première utilisation du programme, une recherche automatique des fichiers multimédias stockés sur votre bibliothèque est effectuée. Si vous désactivez cette fonction, sachez que vous pourrez l'exécuter plus tard, à n'importe quel autre moment, en sélectionnant la commande **Ajouter à la bibliothèque** du menu **Fichier**. Notez aussi que vous pouvez tout simplement appuyer sur la touche [F3] pour exécuter cette même commande.

4 Dans la boîte de dialogue qui s'affiche, indiquez l'emplacement de la recherche et les fichiers pour lesquels les informations doivent être mises à jour (vos dossiers personnels ou tous ceux auxquels vous avez la permission d'accéder).

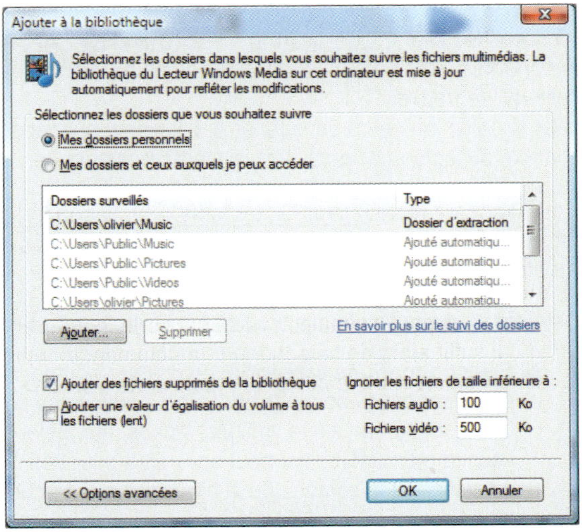

5 Cliquez sur le bouton **Options avancées** pour accéder à des options supplémentaires :

- *Ajouter des fichiers supprimés de la bibliothèque*. Permet de réintégrer dans la bibliothèque des fichiers que vous aviez supprimés de la bibliothèque et qui sont toujours stockés sur votre disque dur.
- *Ajouter une valeur d'égalisation du volume à tous les fichiers (lent)*. Intégration pour chaque morceau des informations de volume, ce qui permet d'obtenir un réglage du volume identique pour chacun d'eux pendant l'écoute.

6 Validez par OK pour démarrer l'enregistrement des paramètres qui permettront de référencer vos fichiers multimédias dans la bibliothèque.

7 Au terme de cette opération, cliquez sur le bouton **Fermer** pour accéder à l'interface principale de la bibliothèque. Vous disposez, dans le cadre de gauche, de différentes rubriques pour classer vos ressources plus efficacement : musique, vidéo, autre média, etc. Dans la fenêtre de droite, chaque fichier apparaît avec différentes informations : titre, auteur, note d'appréciation, chemin d'accès sur le disque dur, etc. Le dernier cadre, lui, peut afficher différentes informations selon l'option que vous sélectionnerez dans le menu déroulant qui se trouve juste au-dessus : lecture en cours, sélection de fichiers à graver, etc.

Votre bibliothèque multimédia est désormais créée et totalement opérationnelle. Notez qu'elle propose plusieurs commandes.

1 Parmi les fonctions les plus importantes, notez celle qui se trouve dans la partie inférieure de la fenêtre. Elles correspondent aux boutons de contrôle du lecteur. Vous pouvez ici lancer la lecture de vos fichiers, passer à une autre piste, mettre en pause, régler le volume, etc.

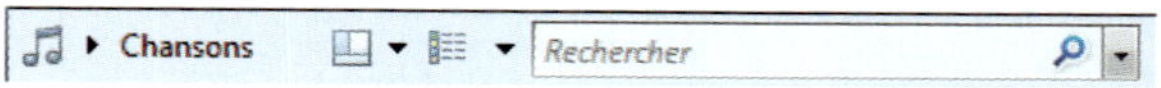

2 Dans la partie supérieure de la fenêtre, vous disposez d'une barre d'outils proposant plusieurs autres fonctions :

- **Sélectionner une catégorie**. Le premier bouton affiche un menu déroulant conçu pour afficher un type spécifique de fichier dans la bibliothèque : musique, images, vidéos, etc. Selon la catégorie choisie, un second menu déroulant peut apparaître pour définir encore plus précisément le contenu de la bibliothèque à afficher.

- **Options de mise en page**. Affiche un menu déroulant permettant d'accéder à différents paramètres d'affichage pour personnaliser la disposition des différents volets de la bibliothèque multimédia de Windows.
- **Affichage**. Affiche le contenu de la bibliothèque multimédia de Windows de différentes façons : mosaïque, icônes, détails, etc.
- **Rechercher**. Une zone de texte et un bouton vous permettent d'effectuer des recherches dans la bibliothèque à partir des mots-clés de votre choix.

Comme vous pouvez le constater à partir du cadre de gauche, tous vos fichiers multimédias ont été classés automatiquement à partir de dossiers prédéfinis.

1 Cliquez par exemple sur la section intitulée *chansons* pour visualiser tous les fichiers disponibles.

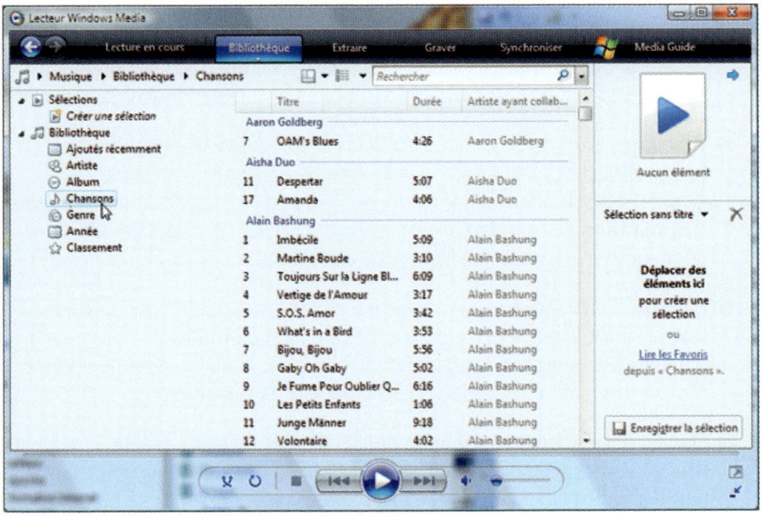

2 Vos fichiers sont classés de différentes façons en fonction des informations disponibles pour chacun d'eux : par album, par genre, par compositeur, etc. Il suffit de cliquer sur un dossier pour afficher son contenu.

3 Si vous souhaitez déplacer un fichier ou un dossier pour modifier le classement automatique de la bibliothèque de Windows, il suffit de le sélectionner dans le cadre du milieu avec votre souris pour le déposer dans le dossier de votre choix dans le cadre de gauche.

Notez enfin que le Lecteur Windows Media propose de nombreuses commandes pour, entre autres, modifier l'affichage et la gestion de vos fichiers multimédias. En fait, toutes ces commandes sont disponibles dans un menu contextuel.

1 À partir de la fenêtre principale de la bibliothèque, cliquez du bouton droit de la souris dans la barre d'onglets du programme pour afficher un menu contextuel.

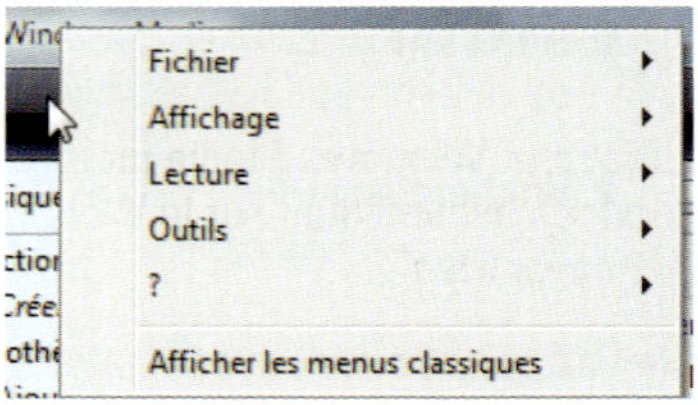

2 Vous disposez ici de six menus proposant, pour cinq d'entre eux, plusieurs commandes qui apparaissent sous la forme d'un menu déroulant :

- **Fichier**. Affiche les commandes les plus courantes pour la manipulation et la lecture des fichiers multimédias. Permet également d'exécuter différentes tâches, telles que l'extraction audio, la gravure, la synchronisation des données avec un appareil mobile, etc. Vous pouvez également créer et enregistrer des listes de lecture (compilation audio à écouter) ou ajouter de nouveaux fichiers dans la bibliothèque multimédia.
- **Affichage**. Définit l'apparence du Lecteur Windows Media et le comportement, à l'écran, de certains de ses éléments (masquer ou afficher la barre d'outils, par exemple). Notez que la commande **Sélecteur d'apparence** permet de basculer dans l'interface de sélection des skins pour adopter un autre habillage pour votre lecteur.
- **Lecture**. Permet d'accéder à tous les contrôles de lecture disponibles (pause, arrêt, avance ou retour rapide, éjection du média en cours, etc.). Vous pouvez également sélectionner ici la source qui contient le support multimédia à lire (l'unité de votre lecteur CD, par exemple).
- **Outils**. Accès direct à différents outils intégrés dans le Lecteur Windows Media. Vous pouvez, à partir des commandes proposées ici, télécharger sur le site de Microsoft de nouvelles visualisations, des skins ou de nouveaux plug-in. Vous pouvez également afficher le module de recherche pour trouver un fichier dans votre bibliothèque ou ouvrir une boîte de dialogue dédiée aux options du Lecteur Windows Media.
- **?**. Affiche les différentes aides du programme avec des liens directs pour récupérer de la documentation sur le site de Microsoft. Vous pouvez également exécuter ici des assistants qui vous aideront à résoudre certains problèmes de fonctionnement avec votre Lecteur Windows Media.

- **Afficher les menus classiques**. Cette commande permet d'afficher la barre des menus dans la fenêtre principale du Lecteur Windows Media. Cette barre reprend en fait les cinq commandes précédentes sous forme de menu déroulant.

Services en ligne

Le lecteur Windows Media intègre un navigateur et propose plusieurs services multimédias sur le Web. Pour y accéder, ouvrez une fenêtre de Windows Media.

1 Dans la fenêtre qui s'affiche, cliquez sur le bouton **Media Guide**. Notez que cette commande ne fonctionne que si votre connexion à Internet est active.

2 Le lecteur charge immédiatement un contenu web, une sélection propre à Microsoft. Vous avez ainsi accès à différentes ressources multimédias directement à partir du lecteur Windows Média sans passer par Internet Explorer : musique, concert, clip vidéo, chaînes radio, etc. Il suffit de cliquer sur les liens qui vous intéressent pour exécuter immédiatement la source proposée.

Configuration du lecteur

Comme vous l'avez vu, le lecteur Windows Média ne demande aucun réglage particulier pour fonctionner immédiatement. Cela dit, vous pouvez tout de même personnaliser certains points, voire vérifier certains paramètres pour optimiser son fonctionnement. Commençons par le réglage du son.

1 Ouvrez le Panneau de configuration à partir du menu **Démarrer** de la barre des tâches de Windows.

2 Dans la fenêtre qui s'affiche, cliquez sur l'icône **Matériel et audio**.

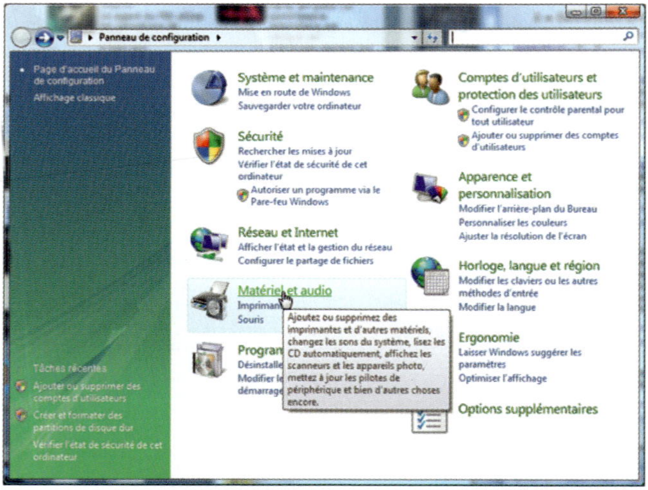

3 Cliquez sur le lien *Ajuster le volume du système.*

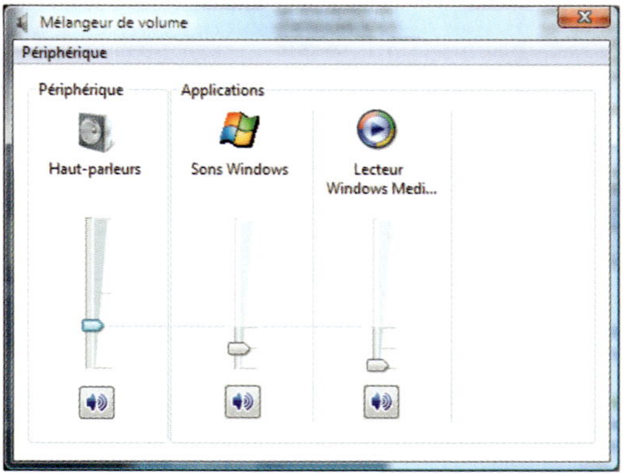

4 Dans la boîte de dialogue **Mélangeur de volume**, vous pouvez régler le niveau sonore de votre périphérique son (la carte son plus précisément), de vos enceintes et du lecteur Windows Media.

5 De retour dans le Panneau de configuration, cliquez sur le lien *Gérer les périphériques audio*. Vous pouvez modifier ici les propriétés de chaque composant audio de votre système.

6 Sélectionnez, par exemple, l'icône de vos haut-parleurs et cliquez sur le bouton **Propriétés**.

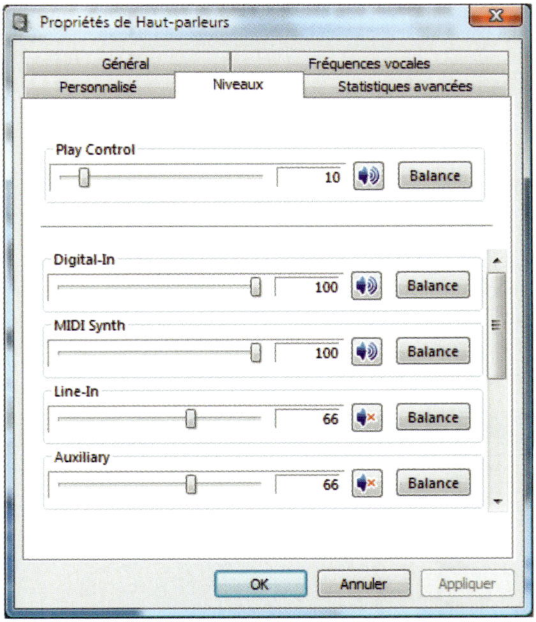

7 Dans la nouvelle boîte de dialogue qui s'affiche, vous pouvez régler séparément chaque enceinte : balance, volume, etc. Cliquez sur **OK** pour retourner dans la boîte de dialogue initiale.

8 L'onglet **Sons**, lui, permet d'égayer votre environnement de travail en associant différents sons à chaque événement (démarrage du système, réception d'un e-mail, etc.).

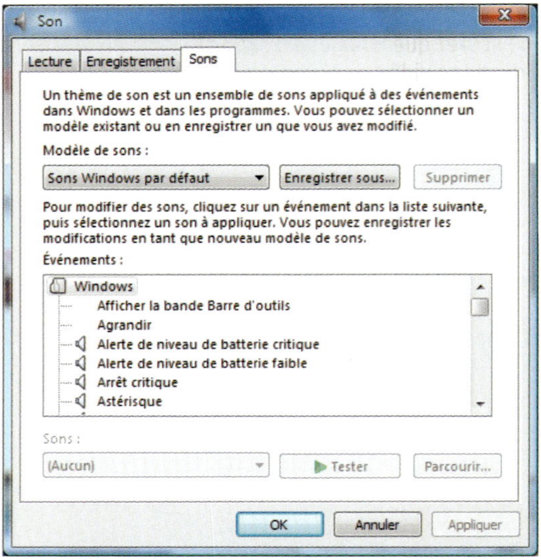

9 Si vous disposez d'un micro et si vous souhaitez, par exemple, établir des sessions de visioconférence ou de téléphonie par Internet, alors l'onglet **Enregistrement** devrait vous intéresser. Celui-ci permet, entre autres, de préciser le périphérique à utiliser par défaut pour la lecture de la parole et l'enregistrement de votre voix.

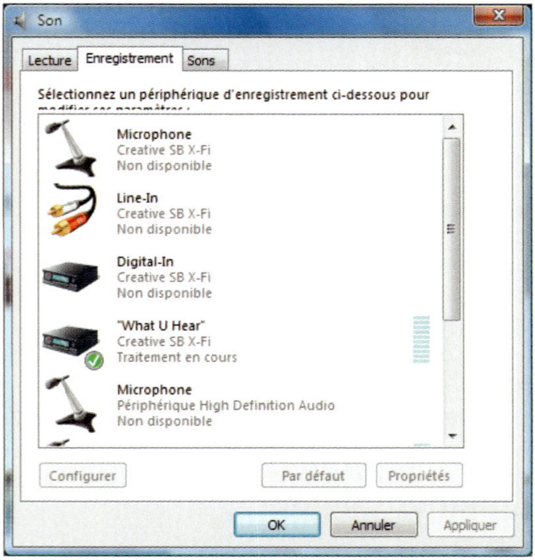

Passons à présent à la configuration vidéo. La procédure consistera uniquement à s'assurer que vous disposez d'une qualité de couleurs optimale pour lire les séquences vidéo dans les meilleures conditions.

1 À partir du menu **Démarrer** de la barre des Tâches Windows, ouvrez le Panneau de configuration.

2 Cliquez sur l'icône **Apparence et personnalisation**.

3 Cliquez sur le lien *Ajuster la résolution de l'écran.*

4 Dans la boîte de dialogue **Paramètres d'affichage**, sélectionnez dans la liste déroulante *Couleurs* une option au moins égale ou supérieure à 24 bits, si la configuration de votre matériel vous le permet. Validez ensuite par **OK**.

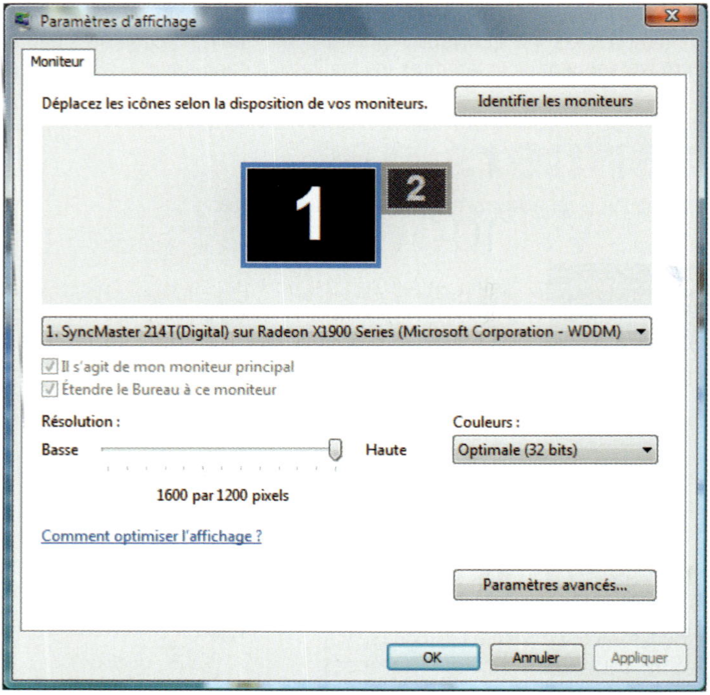
Paramètres d'affichage
Moniteur
Déplacez les icônes selon la disposition de vos moniteurs.
Identifier les moniteurs
1
2
1. SyncMaster 214T(Digital) sur Radeon X1900 Series (Microsoft Corporation - WDDM)
Il s'agit de mon moniteur principal
Étendre le Bureau à ce moniteur
Résolution :
Basse
Haute
1600 par 1200 pixels
Couleurs :
Optimale (32 bits)
Comment optimiser l'affichage ?
Paramètres avancés...
OK
Annuler
Appliquer

Premiers pas avec Windows Mail

Windows Mail est totalement intégré au système Windows Vista. En effet, la procédure d'installation est quasiment inexistante puisque le produit fait partie du système d'exploitation Microsoft Windows, au même titre que le navigateur Internet Explorer.

Dans ces conditions, la plupart des utilisateurs ne cherchent pas à adopter un autre logiciel de messagerie et se contentent de ce que leur propose Windows Mail, ce qui, comme nous allons le voir, s'avère amplement suffisant pour la majorité d'entre nous.

Les bases de Windows Mail

Windows Mail est directement accessible à partir du menu **Démarrer** de la barre des tâches de Windows.

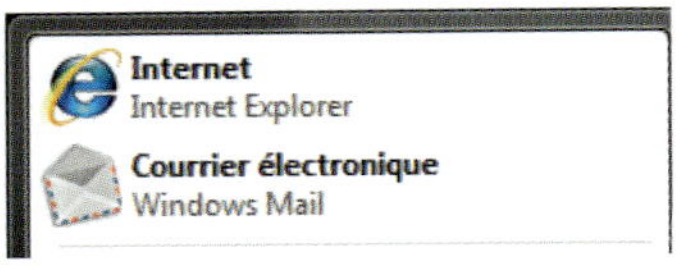

Cela dit, si votre système ne dispose de Windows Mail, c'est que vous (ou le vendeur de votre machine) avez choisi de ne pas activer son accès sur votre machine pendant la procédure d'installation du système. Ce n'est pas bien grave (d'ailleurs, c'est extrêmement rare puisqu'Internet Explorer et ses composants sont sélectionnés par défaut), et voici la procédure à suivre pour y remédier.

1. À partir de la barre des tâches de Windows, cliquez sur le bouton **Démarrer** et sélectionnez l'entrée **Panneau de configuration** dans le menu déroulant qui s'affiche.

2. Dans la fenêtre qui s'affiche, cliquez sur le lien *Affichage classique* pour accéder à tous les modules de configuration de votre système.

3 Une nouvelle fenêtre apparaît. Double-cliquez sur l'icône intitulée **Programmes et fonctionnalités**.

4 Un panneau entièrement dédié à la gestion des programmes et des mises à jour installés sur votre système s'affiche immédiatement. Cliquez sur le lien *Activer ou désactiver des fonctionnalités Windows* disponible dans le volet de gauche.

5 Une boîte de dialogue, intitulée **Fonctionnalités de Windows**, vous propose d'activer ou de désactiver toute une liste de fonctionnalités Windows. Il suffit de cocher celles que vous souhaitez activer. Dans notre cas, sélectionnez l'option *Windows Mail Shortcut* dans le cadre conçu à cet effet.

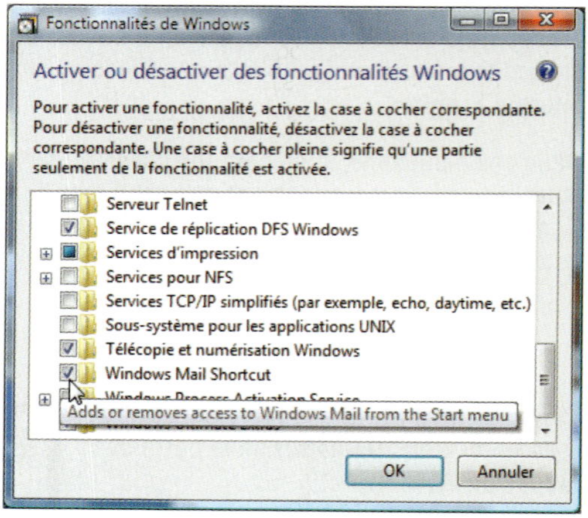

6 Validez par OK pour enregistrer les nouveaux paramètres du système et refermez la fenêtre précédente. Les commandes de démarrage de Windows Mail sont désormais disponibles sur votre ordinateur.

Pour mettre à jour votre installation de Windows Mail, utilisez l'outil Windows Update en vous reportant, si nécessaire, au chapitre 1 de cet ouvrage.

Configuration *de base*

Même si Windows Mail représente un outil de messagerie extrêmement convivial et rapide à prendre en main, il n'empêche qu'il convient tout de même de le paramétrer au départ en indiquant un minimum d'informations. De fait, il est nécessaire de lui signaler le compte que vous allez utiliser pour envoyer et recevoir du courrier électronique, en inscrivant dans ses paramètres de configuration toutes les informations personnelles qui vous permettront d'y accéder.

Création d'un compte de messagerie

Dans un premier temps, sortez la documentation de votre fournisseur d'accès Internet. Celle-ci doit contenir toutes les informations nécessaires pour créer un compte de messagerie dans Windows Mail. Vous devez effectivement disposer d'une adresse e-mail, d'un login, d'un mot de passe et des adresses des serveurs SMTP et POP3 (ou IMAP).

Informations absentes ?

S'il vous manque des informations pour créer votre compte e-mail dans votre logiciel de messagerie, vous ne pourrez pas les inventer. Dans ce cas, la seule solution pour débloquer la situation consiste tout simplement à téléphoner à votre fournisseur d'accès Internet pour lui demander de vous renvoyer les informations manquantes.

Si vous disposez à présent de toutes les données nécessaires pour créer un nouveau compte de messagerie dans Windows Mail, suivez alors le guide que nous vous proposons. Il décrit, étape par étape, la procédure pour arriver à vos fins.

1 Démarrez Windows Mail en sélectionnant la commande du même nom à partir du menu **Démarrer** dans la barre des tâches de Windows ou double-cliquez sur l'icône prévue à cet effet sur votre bureau (notez que cette icône peut également être présente dans la barre des tâches Windows juste à droite du menu **Démarrer**). Dans tous les cas, vous afficherez immédiatement l'interface de Windows Mail.

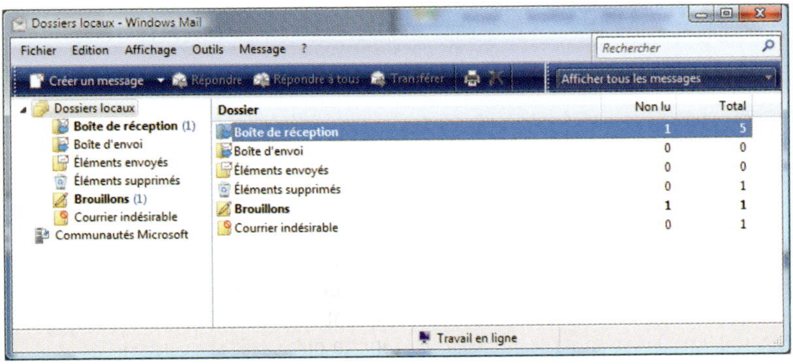

2 Après avoir démarré Windows Mail, sélectionnez la commande **Comptes** du menu **Outils** pour afficher l'Assistant de création de comptes Internet.

3 Cliquez sur le bouton **Ajouter**.

4 Pour créer un compte e-mail, cliquez sur le bouton **Compte de messagerie** dans la fenêtre qui s'affiche et cliquez sur le bouton **Suivant**.

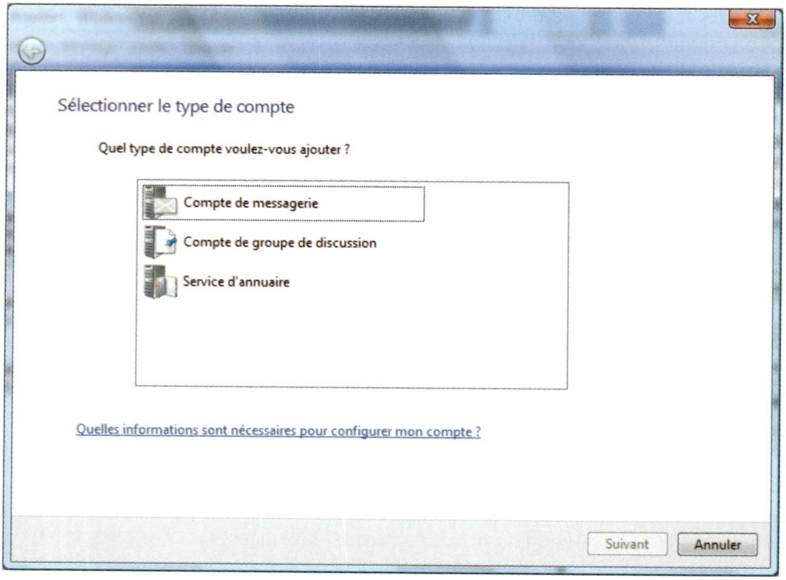

5 Entrez votre nom tel que vous souhaitez qu'il apparaisse dans les messages que vous enverrez. Puis passez à l'étape suivante

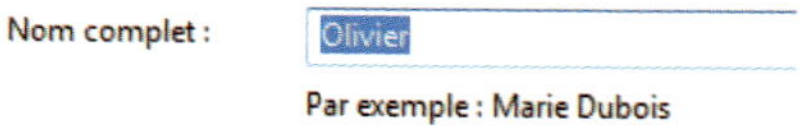

6 Indiquez l'adresse e-mail que vous a donnée votre fournisseur d'accès Internet dans la zone de texte *Adresse de messagerie*. Cliquez sur le bouton **Suivant**.

7 Inscrivez à présent, dans le premier champ intitulé *Serveur de messagerie pour courrier entrant*, l'adresse de votre serveur POP3 ou IMAP. Comme l'indique l'intitulé de ce champ, ce serveur est conçu pour recevoir votre courrier. En d'autres termes, il conserve temporairement vos messages en attendant que vous les téléchargiez sur votre ordinateur lorsque vous vous connectez à Internet.

8 Indiquez ensuite, sur la ligne en dessous dans la même fenêtre, l'adresse de votre serveur SMTP. Petit rappel : votre serveur SMTP permet d'envoyer les messages que vous rédigerez et il ne doit pas être confondu avec le serveur dont vous avez donné l'adresse précédemment.

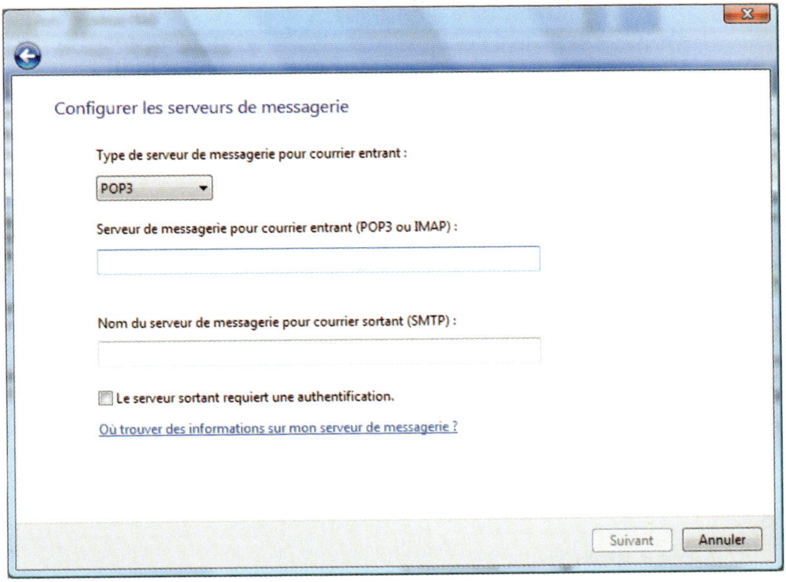

9 Pour terminer la configuration de votre compte de messagerie dans Windows Mail, entrez maintenant votre nom d'utilisateur et le mot de passe qui l'accompagne. Si vous voulez éviter de le saisir chaque fois que vous souhaitez retirer votre courrier sur le serveur de votre FAI, cochez alors l'option *Mémoriser le mot de passe*. Cliquez sur **Suivant**.

Confidentialité

Si vous partagez votre ordinateur avec plusieurs personnes (famille, travail…), il est probablement préférable de ne pas mémoriser vos mots de passe de compte de messagerie dans Windows Mail. Sinon, elles pourront accéder à votre courrier sans aucune difficulté, voire envoyer des messages par e-mail ou dans les newsgroups en utilisant votre nom…

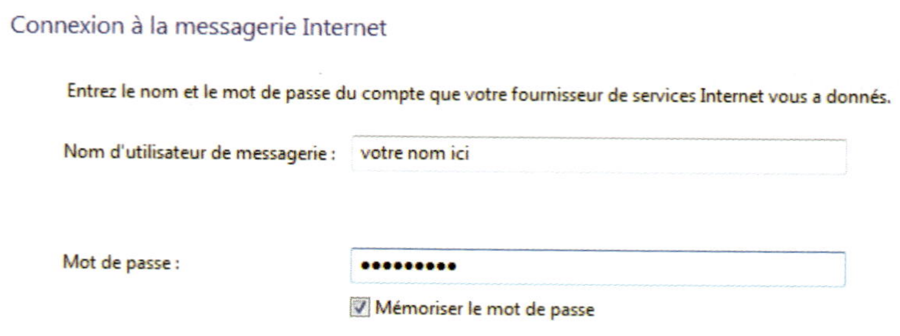

10 Il ne reste plus maintenant qu'à enregistrer toutes les informations que vous venez d'inscrire dans les paramètres de configuration du programme. Il suffit de cliquer sur le bouton **Terminer** pour rendre immédiatement fonctionnel votre compte de messagerie.

Bien entendu, la procédure que nous venons de vous exposer s'applique à tous les fournisseurs d'accès Internet du marché. Sachez en outre que, si vous voulez disposer de plusieurs comptes de messagerie en créant des adresses e-mail supplémentaires à partir de certains services gratuits sur le Web, la démarche à suivre est identique à celle que nous venons de vous donner.

E-mail gratuit

La création de comptes e-mail supplémentaires, en sus de celui dont vous disposez automatiquement avec votre fournisseur d'accès Internet, peut s'avérer très utile en maintes situations. Par exemple, si vous souhaitez que chaque membre de votre famille puisse consulter son courrier de façon confidentielle. En outre, le jour où vous serez amené à changer de FAI, pour des raisons de prix, de qualité de service ou lors d'un déménagement par exemple, l'adresse e-mail que vous aurez créée ne changera pas. Il sera alors inutile de communiquer vos nouvelles coordonnées de courrier électronique à vos correspondants.

Personnaliser Windows Mail

Comme nous l'avons dit, Windows Mail brille par sa convivialité, et la simple procédure de création de compte suffit pour l'utiliser immédiatement. Cela dit, si vous souhaitez personnaliser le fonctionnement du programme et l'apparence de vos messages, il va falloir s'attarder un peu plus sur certains paramètres de configuration.

Configuration avancée

Windows Mail a été configuré par défaut pour fonctionner d'une façon bien précise dès le départ : affichage d'informations au lancement du logiciel, dossiers de classement prédéfinis, etc. Cela dit, rien ne vous interdit de modifier tous les paramètres existants du programme pour l'adapter à vos besoins.

Démarrage

Windows Mail repose totalement sur la technologie d'Internet Explorer, à tel point qu'il intègre le navigateur de Microsoft comme en témoigne l'affichage de certains messages qui ressemblent plus à des pages web qu'à de simples e-mails. Cela permet également de disposer d'une interface particulièrement intuitive, avec des accès simplifiés aux principales commandes du programme.

Quoi qu'il en soit, vous pouvez personnaliser le fonctionnement de Windows Mail de plusieurs manières.

1 Démarrez Windows Mail en sélectionnant son icône à partir du menu **Démarrer** de la barre des tâches de Windows Vista.

2 Sélectionnez la commande **Options** du menu **Outils** et, dans la boîte de dialogue qui s'affiche, activez l'onglet **Général**.

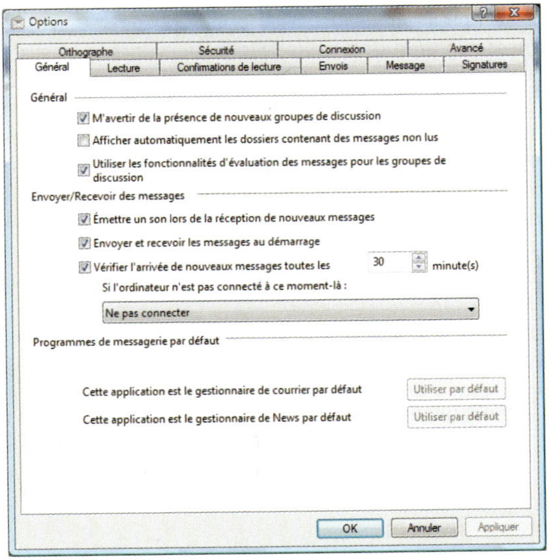

3 Le premier groupe d'options correspond aux paramètres généraux du programme. Vous pouvez ici modifier le contenu de la page de démarrage en affichant immédiatement le dossier de réception des e-mails à la place des informations proposées par défaut. Vous pouvez également être prévenu, à chaque démarrage du logiciel, de la présence de nouveaux groupes de discussion Usenet (option *M'avertir de la présence de nouveaux groupes de discussion*). Cela implique que Windows Mail tentera de se connecter à Internet à chaque démarrage. L'option suivante, elle, permet d'afficher automatiquement tous les dossiers qui contiennent des messages que vous n'avez pas encore lus. Enfin, la dernière option permet d'appliquer les mêmes règles de contrôle de l'e-mail pour les messages que vous téléchargerez à partir des groupes de discussion.

4 Passons à présent à la seconde section des paramètres du programme. Celle-ci concerne plus particulièrement les conditions de réception et d'envoi des messages. Ainsi, lorsque Windows Mail transfert de nouveaux e-mails, le programme peut automatiquement émettre un son. De plus, dès que vous exécutez votre logiciel de messagerie, celui-ci peut immédiatement envoyer et récupérer votre courrier électronique en attente. Cela n'est pas toujours très pratique si vous prenez l'habitude de démarrer Windows Mail pour travailler en mode off line, c'est-à-dire sans vous connecter à Internet. Enfin, la dernière option permet d'indiquer au programme les conditions de connexion automatique à votre serveur POP3 ou IMAP pour télécharger vos e-mails. Par défaut, Windows Mail se connectera toutes les trente minutes pour effectuer une vérification (réception de nouveaux messages ou non). Le cas échéant, il les téléchargera. Bien entendu, vous avez la possibilité ici de définir, en minutes, un autre intervalle de temps. De plus, vous avez également la possibilité de déterminer l'action à entreprendre lorsque votre ordinateur n'est pas connecté à Internet. De fait, Windows Mail peut établir automatiquement la connexion en toutes circonstances (option *Connecter même durant une session de travail hors connexion*), établir la connexion sur le serveur seulement lorsque votre ordinateur est déjà connecté à Internet (option *Etablir une connexion uniquement si je ne travaille pas hors connexion*) et, enfin, ne jamais établir de connexion (option *Ne pas connecter*).

5 Cliquez à présent sur l'onglet **Connexion** pour définir encore plus précisément l'interaction entre Windows Mail et votre module d'Accès à distance lorsque vous établissez des connexions Internet. De fait, le programme peut vous avertir chaque fois qu'il tente de se connecter automatiquement en ligne (option *M'avertir avant d'utiliser une autre connexion d'accès à distance*). Si vous utilisez une connexion bas débit, nous vous conseillons fortement d'activer cette option pour éviter toute mauvaise surprise au niveau de vos factures de communication téléphonique.

Autre paramètre à régler : lorsque Windows Mail vient de terminer de transférer vos messages, il peut prendre en charge l'interruption de la communication téléphonique. Si cette option vous intéresse, il suffit de cocher *Raccrocher après l'envoi et la réception*.

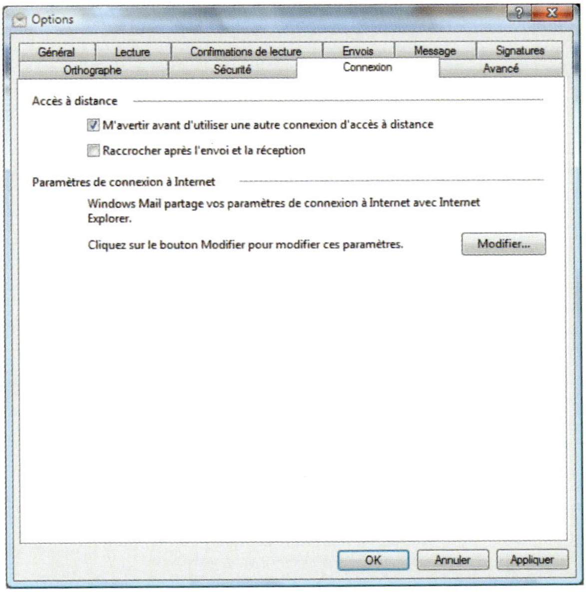

6 Comme vous vous en doutez, Windows Mail utilise les mêmes paramètres de connexion à Internet que le navigateur Internet Explorer. Dès lors, si vous souhaitez les modifier, il est inutile de démarrer votre navigateur, vous pouvez le faire immédiatement ici, sans quitter les options de Windows Mail. Dans la section *Paramètres de connexion à Internet*, cliquez sur le bouton **Modifier**. La boîte de dialogue **Propriétés de Internet** s'affichera alors et il ne vous restera plus qu'à déterminer les paramètres de connexion que vous souhaitez utiliser.

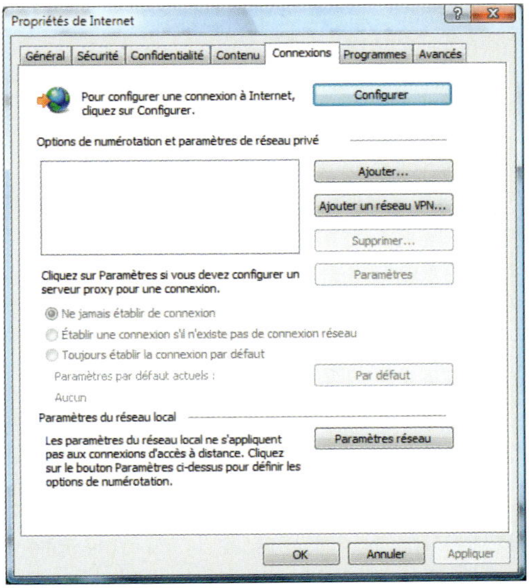

Maintenance du programme

1 Cliquez maintenant sur l'onglet **Avancé** pour déterminer précisément la façon dont Windows Mail va stocker tous vos messages sur votre machine.

2 Cliquez sur le bouton **Maintenance** pour afficher une nouvelle boîte de dialogue.

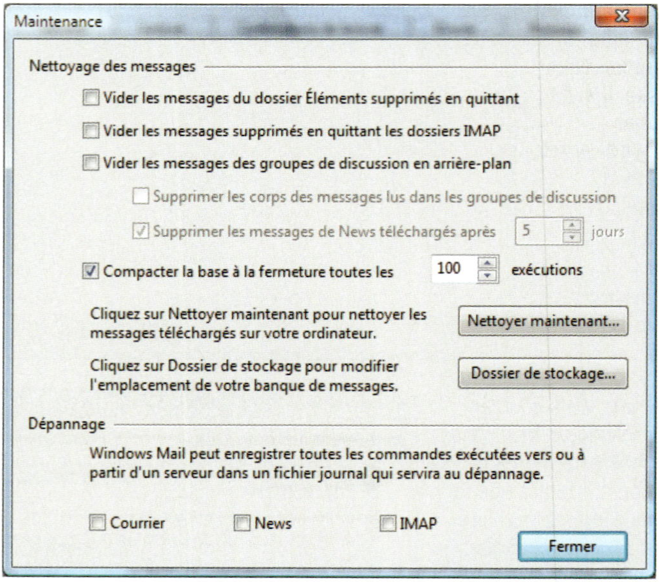

3 Les paramètres de cette section peuvent être particulièrement importants si vous disposez d'une configuration un peu serrée en termes de place disponible sur votre disque dur. De fait, en activant la première option, *Vider les messages du dossier Eléments supprimés en quittant*, le programme, au moment de sa fermeture, supprimera définitivement de votre disque tous les fichiers que vous avez supprimés, ce qui permet un gain de place parfois non négligeable sur le disque. Notez que vous pouvez effectuer cette même opération sur le serveur IMAP en activant la seconde option, intitulée *Vider les messages supprimés en quittant les dossiers IMAP*. Enfin, toujours dans le but de conserver un maximum de place libre sur votre disque, la troisième option, *Compacter la base à la fermeture*, permet de compresser vos dossiers en toute transparence sans que vous ne vous en aperceviez.

4 Les newsgroups prennent également beaucoup de place sur le disque et vous pouvez limiter ce phénomène en cochant l'option *Vider les messages des groupes de discussion*. Activez ensuite les options suivantes, à savoir *Supprimer les corps des messages lus dans les groupes de discussion* (efface le contenu d'une contribution Usenet lorsque vous venez de la lire) et *Supprimer les messages de News téléchargés après X jours*, où *X* représente le nombre de jours que vous définirez selon vos besoins. Passé ce laps de temps, Windows Mail supprimera automatiquement de votre disque dur tous les messages qui s'avèrent plus anciens que le nombre de jours indiqué.

5 Vous pouvez également lancer une opération de nettoyage manuellement si vous le souhaitez, sans passer par les paramètres de déclenchement automatique. Il suffit de cliquer sur le bouton **Nettoyer maintenant**. Windows Mail supprimera alors de vos dossiers tous les messages déjà lus.

6 Par défaut, le répertoire physique qui contient tous les messages de Windows Mail se trouve sous *C:\Users\votre nom d'utilisateur\AppData\Local\Microsoft\Windows Mail*. Remplacez *votre nom d'utilisateur* par votre nom d'identification sur la machine. Si vous souhaitez le changer pour un autre plus accessible, `D:\Données\mail` par exemple, il suffit de cliquer sur le bouton **Dossier de stockage**.

7 Dans la boîte de dialogue **Emplacement de stockage** qui s'affiche, cliquez sur le bouton **Modifier**.

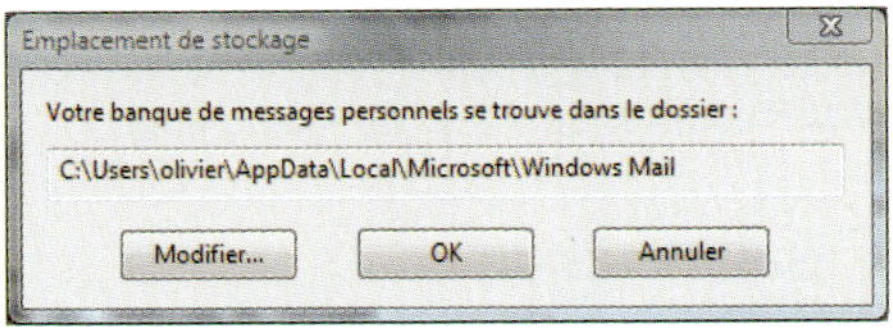

8 Un explorateur de fichiers apparaît. Il ne vous reste plus qu'à sélectionner le répertoire qui vous intéresse et à valider les boîtes de dialogue par OK.

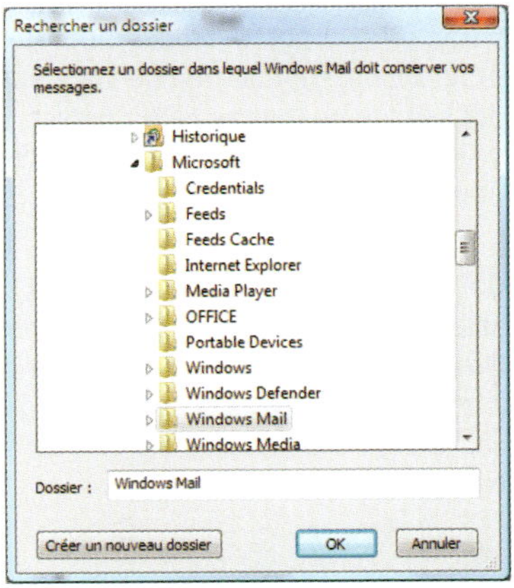

9 À présent, si vous êtes un utilisateur expérimenté, ou si le support technique de votre FAI vous demande de leur envoyer le fichier log des commandes de votre logiciel de courrier électronique lorsqu'il se connecte sur leur serveur de messagerie, la dernière option de la boîte de dialogue dédiée à la maintenance de Windows Mail devrait vous intéresser.

Les logs de Windows Mail

Le fichier log, ou fichier journal, de Windows Mail est automatiquement sauvegardé sous le répertoire principal d'installation de votre logiciel de courrier électronique. Un tel fichier enregistre toutes les commandes émises entre votre logiciel de courrier et le serveur sur lequel il se connecte. De cette façon, on peut connaître précisément la nature d'une erreur, ou sa cause.

Pour générer le fichier log, il suffit de cliquer sur l'option qui vous concerne, à savoir *Courrier* si vous vous connectez sur un serveur de type SMTP ou POP3, *News* pour un serveur de type NNTP et *IMAP* pour les serveurs du même nom.

Création de dossiers

Les options de configuration de Windows Mail ne constituent pas les seuls paramètres à personnaliser pour utiliser plus confortablement l'interface du programme. De fait, rien ne vous empêche de créer vos propres dossiers thématiques pour classer, selon vos besoins, tous vos messages. La procédure s'avère extrêmement simple et vous auriez bien tort de vous en priver.

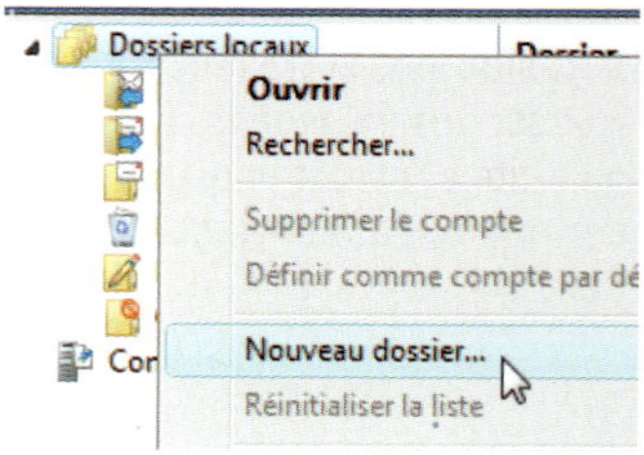

1 Avec le bouton droit de la souris, sélectionnez dans le cadre de gauche, intitulé **Dossiers**, la racine de votre compte, c'est-à-dire le dossier principal. Dans le menu contextuel, choisissez la commande **Nouveau dossier**.

2 Dans la nouvelle boîte de dialogue qui s'affiche, inscrivez le nom du dossier sous le

champ conçu à cet effet. Notez que vous pouvez sélectionner, dans le cadre inférieur où apparaît toute l'arborescence de vos dossiers, un dossier à l'intérieur duquel sera placé celui que vous créez. Cliquez ensuite sur OK pour valider votre choix.

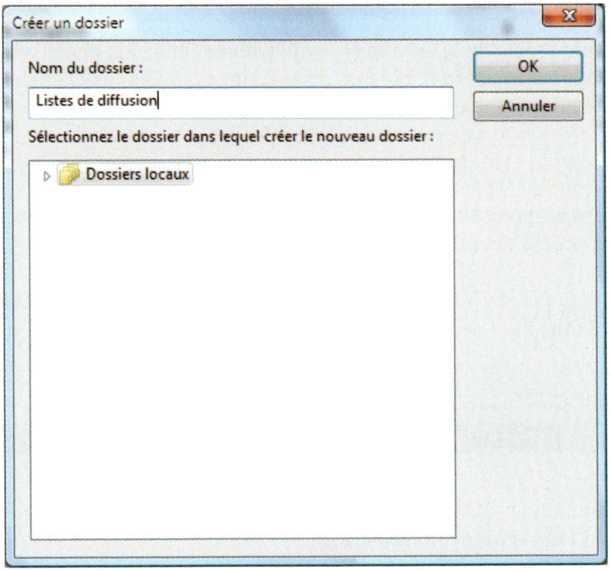

3 Comme vous pouvez le constater dans le cadre de gauche de l'interface de Windows Mail, vous disposez maintenant d'un nouveau dossier pour classer vos messages.

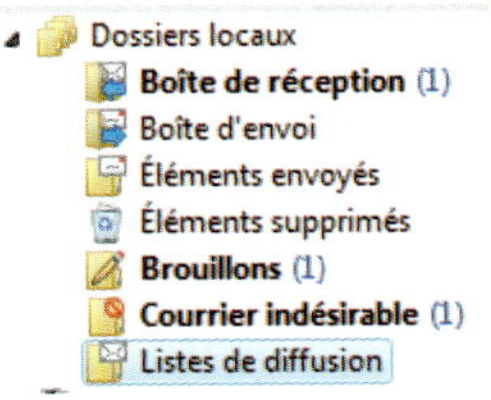

N'hésitez pas à présent à créer plusieurs dossiers et sous-dossiers pour classer vos messages. Avec le temps, vous en recevrez probablement une quantité considérable, et les dossiers prédéfinis de Windows Mail ne permettront effectivement pas de les classer efficacement pour y voir clair dans votre messagerie.

Carnet *d'adresses*

Le carnet d'adresses de Windows Vista, exploitable à partir de Windows Mail, constitue un outil incontournable pour exploiter dans les meilleures conditions votre messagerie. En ce sens, il représente un des tout premiers modules à personnaliser en y intégrant les adresses de vos correspondants. De cette façon, il sera inutile de les recopier manuellement dans les champs d'envoi de vos messages, elles seront toujours disponibles en quelques clics de souris, sous la même interface que celle de Windows Mail.

Ajouter des adresses

La première étape consiste à remplir votre carnet d'adresses qui, comme vous vous en doutez, s'avère totalement vide.

1 Démarrez Windows Mail et sélectionnez la commande **Contacts Windows** du menu **Outils** pour ouvrir le carnet d'adresses intégré à Windows Vista.

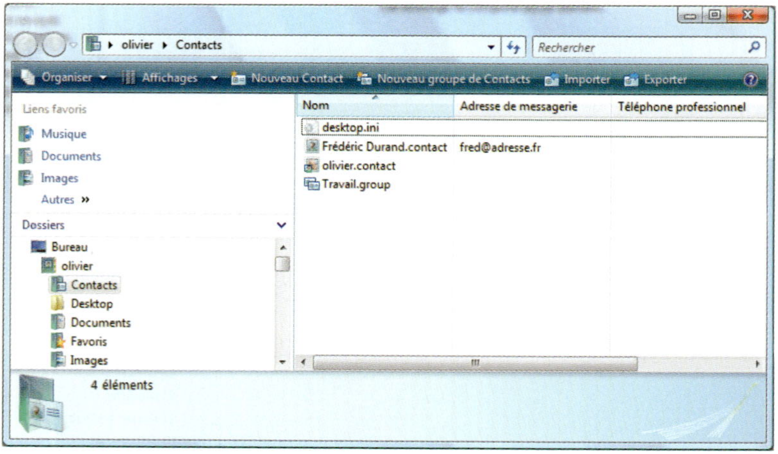

2 Cliquez sur le bouton **Nouveau contact** de la barre d'outils pour afficher une nouvelle fenêtre dédiée à l'enregistrement des coordonnées de votre premier correspondant.

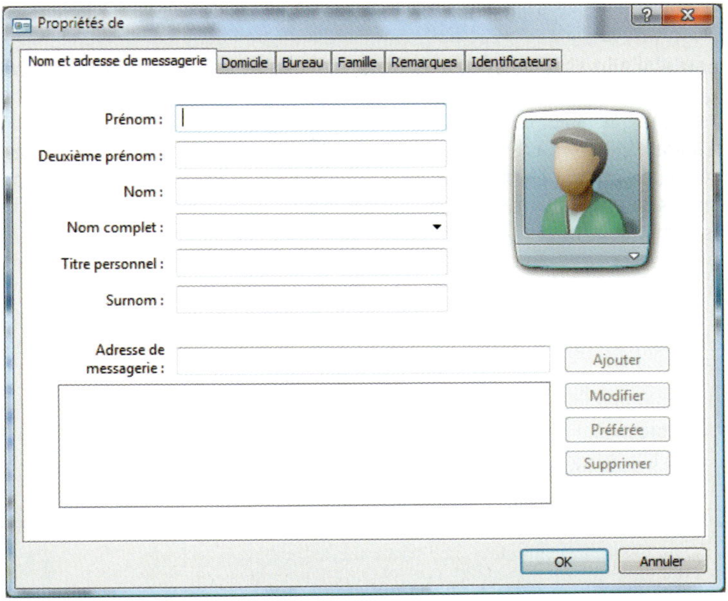

3 Sous l'onglet **Nom et adresse de messagerie**, indiquez les nom et prénom de votre correspondant, son adresse e-mail et un pseudonyme (facultatif). Cliquez sur le bouton **Ajouter** et, si vous le souhaitez, vous pouvez utiliser les autres onglets pour spécifier des informations supplémentaires :

- Dans un cadre professionnel, les onglets **Domicile** et **Bureau** peuvent vous être utiles. Ils permettent effectivement d'inscrire les adresses de votre correspondant dans ces différents lieux.
- Votre carnet d'adresses peut également servir de pense-bête, comme l'illustre l'onglet **Famille**, qui permet de spécifier des informations d'ordre familial ou des dates à ne pas oublier (anniversaire, par exemple).
- L'onglet **Remarques** permet de saisir des commentaires libres à l'instar d'un bloc-notes.
- Le dernier onglet permet d'indiquer les références d'un certificat de signature numérique pour authentifier les messages de votre correspondant.

4 Validez à présent toutes ces informations par OK. Vous pouvez répéter toutes ces étapes pour ajouter d'autres contacts dans votre espace contacts.

Bien entendu, comme nous le verrons dans le prochain chapitre quand nous aborderons l'envoi des messages, tous vos contacts sont disponibles dans la fenêtre d'édition des nouveaux messages de votre logiciel de messagerie, Windows Mail.

Pour ajouter un contact dans le carnet d'adresses directement à partir d'un message que vous recevez dans Windows Mail, il existe une méthode encore plus rapide.

1 Au moment d'envoyer un message ou lorsque vous en recevez un, cliquez du bouton droit de la souris sur le nom de votre correspondant à partir de la fenêtre des messages. Notez que vous pouvez également cliquer sur l'intitulé d'un message, tout simplement.

2 Sélectionnez, dans le menu contextuel, la commande **Ajouter l'expéditeur aux Contacts**.

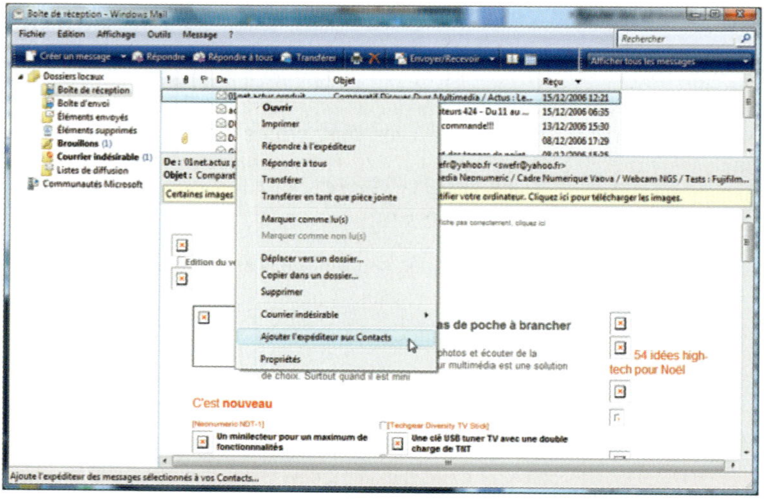

3 Votre carnet d'adresses s'affiche immédiatement avec une nouvelle fiche attribuée à votre contact (son nom et son adresse ont déjà été repris automatiquement dans les champs correspondants). Si vous le souhaitez, vous pouvez compléter manuellement les différents champs des autres onglets que nous vous avons présentés précédemment.

Adoptez votre propre serveur SMTP

Rien ne vous interdit, avec Windows Mail, d'utiliser les services de votre propre serveur d'envoi de messages, sans passer par celui de votre fournisseur d'accès Internet. L'intérêt ? Lorsque vous envoyez des messages à travers Internet, vous n'êtes jamais vraiment assuré de leur réception. Certes, le système de messagerie du Net est assez fiable et lorsqu'un dysfonctionnement apparaît, vous êtes généralement prévenu par un rapport d'erreur généré automatiquement par une des machines par laquelle transite votre e-mail. Mais pas toujours... Dès lors, le premier atout offert par la gestion personnelle de vos envois consiste justement à vous assurer que vos messages sont bien arrivés à bon port. Cela dit, vous ne saurez pas si votre destinataire a bien lu votre courrier, mais vous saurez au moins s'il a été distribué correctement sur son serveur POP3 ou IMAP.

Le second atout de notre technique consiste à disposer d'un système de messagerie fiable. Il n'est pas rare que les serveurs SMTP d'un fournisseur d'accès tombent en panne pour diverses raisons : surcharge des machines, défaillance d'un composant matériel, problème de fonctionnement logiciel, etc. Dans ce cas, vos envois ne peuvent s'effectuer immédiatement et vous devez attendre une durée indéterminée, le temps que l'équipe technique ait résolu le problème. C'est pourquoi, avec votre propre dispositif de messagerie, vous passerez à côté de tous ces inconvénients en disposant d'un système qui ne vous lâchera jamais, sauf quand votre propre ordinateur, ou votre propre connexion Internet, sera hors service.

Enfin, dernier atout, les limites imposées par votre FAI n'auront plus aucune raison d'être pour vous. Il n'est pas rare que les serveurs SMTP soient configurés pour ne pas transmettre des messages dont les pièces attachées dépassent en volume un certain nombre de mégaoctets, en général de 2 Mo à 5 Mo. Dans ces conditions, si vous devez envoyer un fichier de 6 Mo, vous êtes obligé de le transmettre en deux parties au minimum. Sauf si vous installez votre propre dispositif d'envoi de courrier électronique, comme vous allez le voir dès à présent.

Procédure d'installation

Il existe plusieurs méthodes pour mettre en place un système de messagerie indépendant sur une machine connectée de façon intermittente à Internet. La solution la plus évidente consiste à installer tout simplement un véritable serveur SMTP. Il en existe effectivement de très nombreux pour les systèmes Windows à des tarifs très abordables puisque la plupart d'entre eux sont distribués en shareware. Cela dit, un tel choix ne constitue pas toujours une solution idéale pour tous les utilisateurs, et notamment pour les particuliers qui n'ont probablement pas besoin d'une telle installation sur leur machine. De fait, un serveur SMTP ne constitue pas un modèle de convivialité lorsqu'il s'agit de le configurer. Et si vous ne disposez pas d'un réseau de plusieurs dizaines ou centaines d'utilisateurs, voire plus, un tel produit représente un outil particulièrement mal adapté à vos maigres besoins. C'est pourquoi, il existe d'autres systèmes qui s'intégreront mieux sur un poste isolé, voire dans un petit réseau local d'entreprise, et qui ne demanderont pas des compétences techniques hors de portée de tout un chacun.

En ce qui nous concerne, nous avons opté pour la solution proposée par Mail Utilities, en l'occurrence **Advanced Direct Remailer** que vous trouverez à l'adresse suivante www.mailutilities.com/adr/?fadr_215. Largement plébiscité par les plates-formes de distribution de sharewares (ZDNet, Tucows...), cet outil intègre son propre serveur SMTP et va vous permettre de vous connecter directement sur le serveur SMTP de votre destinataire pour lui envoyer vos messages.

De plus, si cet outil permet de bénéficier de tous les atouts d'un dispositif de messagerie personnel, il permet également d'exploiter dans les meilleures conditions les capacités de votre modem et de votre connexion. Par exemple, si vous envoyez le même message à plusieurs milliers d'utilisateurs, celui-ci sera transmis bien plus rapidement avec Advanced Direct Remailer qu'avec le serveur SMTP de votre fournisseur d'accès Internet.

Passons à présent à l'installation de cet outil sur votre machine.

1 Connectez-vous sur http://www.mailutilities.com/downloads/#3 pour télécharger la dernière version d'Advanced Direct Remailer.

2 Le fichier à télécharger représente un peu plus de 1 Mo. L'application est compressée dans une archive *.zip*. Vous devez extraire le fichier *setup.exe* et double-cliquer sur son intitulé pour lancer la procédure d'installation.

3 L'installation s'effectue automatiquement et son déroulement prend à peine deux minutes.

4 Au terme de cette opération, vous disposerez d'une icône supplémentaire dans la barre des tâches de Windows. Elle vous indique qu'Advanced Direct Remailer est opérationnel et que vous pouvez d'ores et déjà l'utiliser pour envoyer vos e-mails. Toutefois, avant de le faire, il convient de configurer correctement votre messagerie.

Configurer Advanced Direct Remailer

Commencez par paramétrer votre nouvelle application.

1 Double-cliquez sur l'icône d'Advanced Direct Remailer dans la barre des tâches de Windows pour afficher l'interface principale du programme.

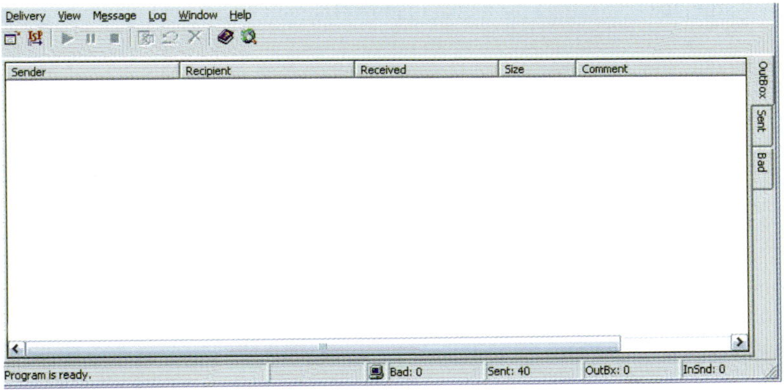

2 Sélectionnez la commande **General Settings** du menu **Delivery**.

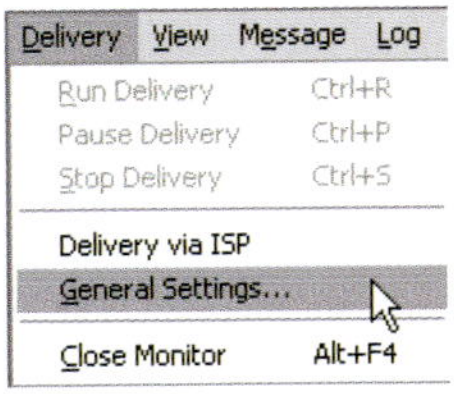

3 Dans la boîte de dialogue qui s'affiche, sous l'onglet **General**, cochez l'option *Run program when Windows startup*. De cette façon, l'application démarrera automatiquement à chaque lancement de Windows. Vous pouvez conserver par défaut tous les autres paramètres proposés.

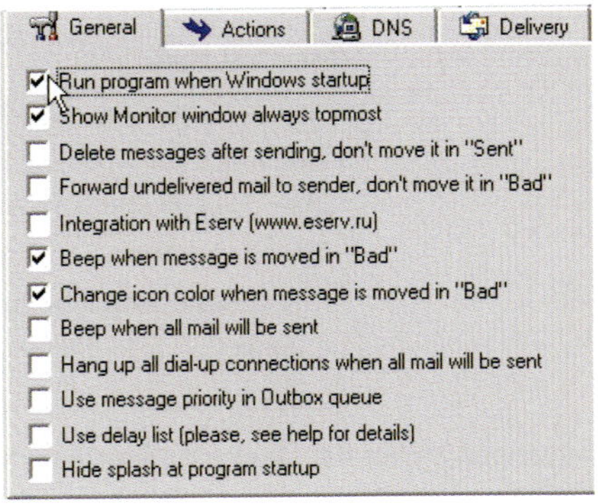

4 Cliquez à présent sur l'onglet **DNS** et vérifiez que le programme a pu récupérer automatiquement les adresses des serveurs DNS primaire et secondaire de votre fournisseur d'accès Internet. Si ce n'est pas le cas, reportez-vous à la documentation de votre FAI pour connaître leurs adresses et inscrivez-les sous les champs *Primary DNS* (serveur primaire) et *Secondary DNS* (serveur secondaire).

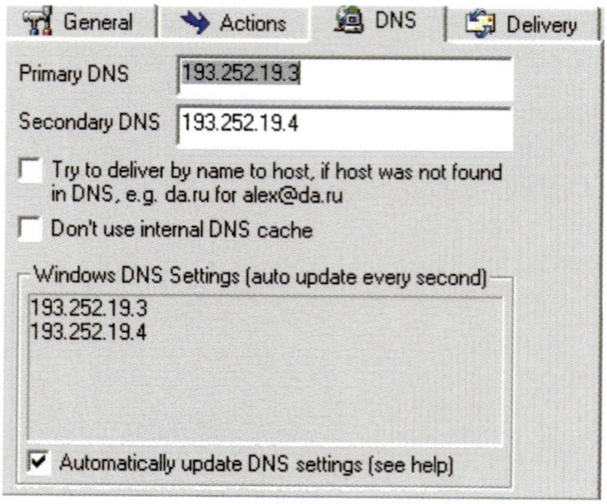

5 Cliquez enfin sur l'onglet **Delivery** et inscrivez, sous le champ *Domain for HELO*, le nom de domaine de votre fournisseur d'accès Internet (Wanadoo.fr si vous utilisez les services de Wanadoo par exemple). Cliquez ensuite sur l'option *Auto delivery letter via ISP after tries* et indiquez le chiffre `3`. Inscrivez plus bas l'adresse du serveur SMTP de votre FAI et indiquez la valeur `25` pour le port. De cette façon, en cas d'échecs répétés lors de l'envoi, le serveur SMTP de votre FAI prendra automatiquement le relais.

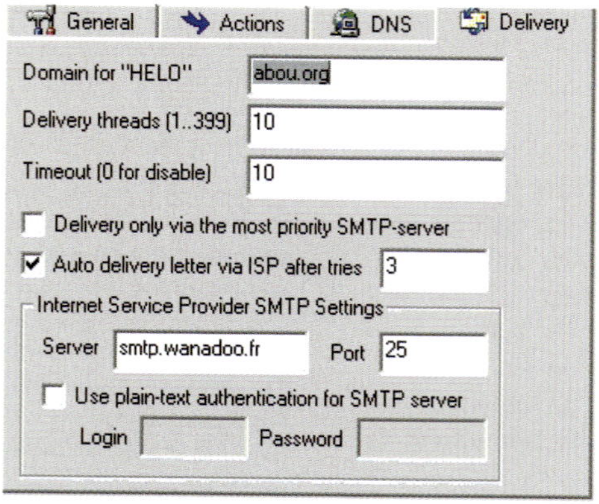

Advanced Direct Remailer est désormais fonctionnel. Il ne reste plus qu'à configurer Windows Mail. La procédure est simple. Il suffit d'inscrire le terme `localhost` pour l'adresse du serveur SMTP – champ *Courrier sortant (SMTP)* – dans les paramètres de configuration de votre compte e-mail.

Gestion des logs

Advanced Direct Remailer offre plusieurs options pour gérer finement vos fichiers journaux. Voyons alors comment accéder à ces nouveaux paramètres.

1 Double-cliquez sur l'icône d'Advanced Direct Remailer dans la barre des tâches de Windows pour afficher l'interface principale du programme.

2 Sélectionnez la commande **General settings** du menu **Delivery**.

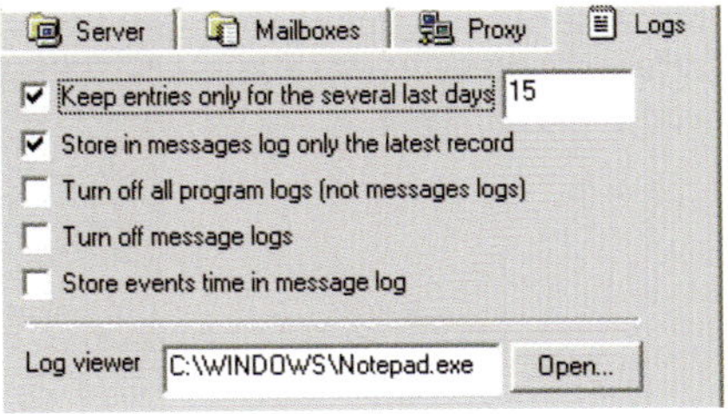

3 Dans la boîte de dialogue qui s'affiche, cliquez sur l'onglet **Logs** et cochez l'option *Store in messages log only the latest record* pour conserver uniquement dans vos fichiers journaux les dernières actions du programme. Cochez également l'option *Keep entries only for the several last days* et indiquez une valeur correspondant au nombre de jours durant lesquels vous souhaitez conserver vos enregistrements. Évitez d'inscrire un chiffre trop important, sinon vous obtiendrez des fichiers particulièrement volumineux.

Pour désactiver les fichiers journaux, vous pouvez cocher les options *Turn off program logs* et *Turn off message logs* (ce qui n'est pas conseillé). Enfin, pour avoir également l'heure et la date de chaque événement enregistré dans vos fichiers, il suffit d'activer l'option *Store events time in message log*. Notez que vous avez également la possibilité d'indiquer l'application qui permettra de visualiser le contenu des logs (option *log viewer*, utilisez le bouton **Open** pour sélectionner un éditeur de texte).

Une fois que vous avez paramétré vos fichiers journaux, validez par OK la boîte de dialogue. Les fichiers sont stockés par défaut sous le répertoire *C:\Program Files\Advanced Direct Remailer\log*. Cela dit, comme nous allons le voir, il existe une façon plus confortable d'y accéder.

Analyse des logs

La lecture des fichiers journaux permet, comme nous l'avons signalé, d'identifier les erreurs, mais elle permet également d'obtenir, en quelque sorte, des accusés de réception pour tous les messages que vous envoyez avec Windows Mail.

Cliquez sur un message sous l'onglet **Sent** et sélectionnez la commande **Message Log** du menu **Log**.

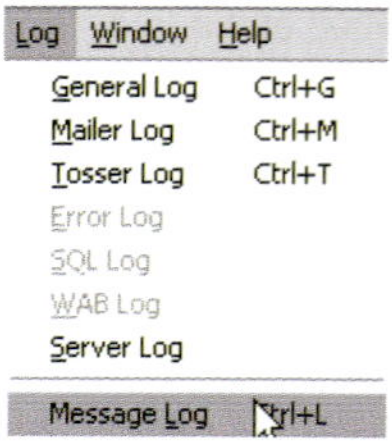

Vous obtenez une fenêtre qui affiche tout le dialogue établi entre votre serveur SMTP et celui du destinataire.

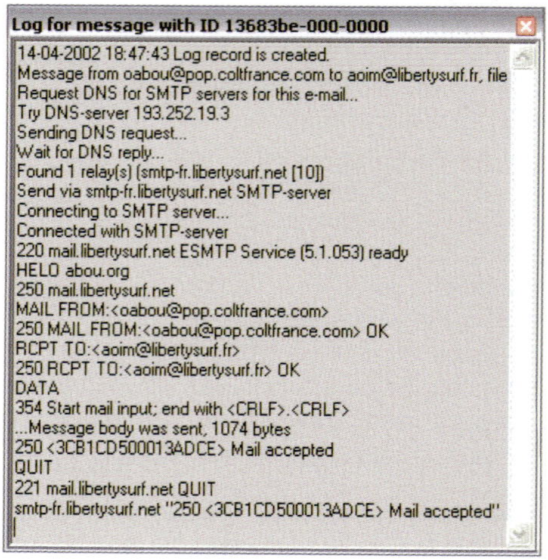

Voyons de plus les instructions qu'elle contient. Voici les premières lignes du fichier log.

```
14-04-2002 18:47:43 Log record is created.
Message from oabou@pop.coltfrance.com to
xxx@libertysurf.fr, file 13683be-000-0000.msg
```

Ici, un journal est créé pour un message envoyé par `oabou@pop.coltfrance.com` à un destinataire dont le compte est hébergé par les serveurs de Libertysurf.

Passons à la deuxième partie.

```
Request DNS for SMTP servers for this e-mail…
Try DNS-server 193.252.19.3
Sending DNS request…
Wait for DNS reply…
Found 1 relay(s) (smtp-fr.libertysurf.net [10])
Send via smtp-fr.libertysurf.net SMTP-server
```

Advanced Direct Remailer lance une requête sur votre serveur DNS pour trouver l'adresse du serveur SMTP de votre correspondant, en l'occurrence celui de Libertysurf (`smtp-fr.libertysurf.net`). Ici, la requête est un succès.

Ensuite, vous trouvez les lignes suivantes.

```
Connecting to SMTP server…
Connected with SMTP-server
220 mail.libertysurf.net ESMTP Service (5.1.053) ready
HELO abou.org
250 mail.libertysurf.net
MAIL FROM:<oabou@pop.coltfrance.com>
250 MAIL FROM:<oabou@pop.coltfrance.com> OK
RCPT TO:<aoim@libertysurf.fr>
250 RCPT TO:<aoim@libertysurf.fr> OK
DATA
```

La connexion au serveur SMTP du correspondant s'établit. Votre serveur s'identifie tout d'abord en envoyant votre nom de domaine (`HELO abou.org`), puis il indique les en-têtes `FROM` (expéditeur) et `TO` (destinataire) du message à envoyer. Comme vous pouvez le constater avec l'instruction `OK`, la procédure est acceptée.

Passons à l'étape suivante.

```
354 Start mail input; end with <CRLF>.<CRLF>
…Message body was sent, 1074 bytes
250 <3CB1CD500013ADCE> Mail accepted
```

Le message est envoyé et l'e-mail a été bien reçu.

Enfin, voici la dernière partie du fichier log.

```
QUIT
221 mail.libertysurf.net QUIT
smtp-fr.libertysurf.net "250 <3CB1CD500013ADCE> Mail
accepted
```

Votre serveur SMTP ferme la connexion avec l'instruction `QUIT` et vous recevez une dernière fois une confirmation de votre envoi (`Mail accepted`).

Dans ces conditions, vous avez la preuve que votre message a bien été reçu par votre correspondant. Pour autant, il ne l'a pas forcément lu : rien ne lui interdit de le transférer et de le supprimer dans la foulée, sans en prendre connaissance...

Restons dans le registre des fichiers log et examinons à présent de plus près le menu **Logs** du programme. Il permet d'accéder à d'autres fichiers journaux. Ainsi, la commande **General log** enregistre toutes les procédures de contrôle lorsque vous démarrez Advanced Direct Remailer.

La commande `Mailer log` enregistre la procédure d'envoi de chaque message.

Enfin, la commande `Tosser log` sauvegarde l'état de chaque transmission entre les deux serveurs SMTP (le vôtre et celui de votre correspondant).

Si une erreur survient, la commande `Error log` devient accessible dans le menu. Les commandes `SQL log` et `WAB log`, quant à elles, permettent de connaître les détails de transmission d'un mailing.

Chapitre 4

Utiliser Windows Mail

Une fois Windows Mail installé et configuré avec vos adresses e-mail et l'adresse des serveurs POP3/IMAP et SMTP, le programme est immédiatement opérationnel. Cela dit, la messagerie Internet ne s'improvise pas et, même si Microsoft met gratuitement à votre disposition un produit convivial, il convient d'assimiler les bases de la transmission des e-mails sur le Net.

Envoyer des messages

Avant d'envoyer des messages à vos correspondants, il est nécessaire de savoir comment les rédiger et comment remplir les adresses. Car, à l'instar du courrier postal, il existe des conventions d'écriture que vous devez respecter pour que l'acheminement de vos informations puisse se dérouler sans aucune difficulté. Voyons cela de plus près.

***Les bases** de la transmission*

Lorsque vous envoyez une lettre par la poste, vous devez indiquer plusieurs informations à propos du destinataire sur l'enveloppe. Pour l'e-mail, c'est encore plus simple. Il existe des champs prédéfinis qu'il suffit de remplir. Et comme le courrier classique, un e-mail est composé de plusieurs parties que nous allons voir dès à présent.

Les parties de l'e-mail

Un e-mail est composé de plusieurs parties, quatre exactement : l'enveloppe, l'en-tête, le corps et la signature.

L'enveloppe est lisible uniquement par les serveurs, et les utilisateurs n'ont pas à s'en préoccuper (sauf s'ils exercent une activité d'administrateur et qu'ils doivent configurer, entre autres, le serveur de messagerie de leur réseau), nous n'y reviendrons donc pas.

À l'inverse, l'en-tête correspond à un espace qui regroupe tous les champs d'expédition à remplir par l'expéditeur. Il convient alors de connaître tous ces champs, ce qui constitue probablement la première difficulté des services de messagerie pour les néophytes. Pour mieux comprendre le rôle des en-têtes, il suffit de les comparer aux enveloppes du courrier classique, qui servent de support pour l'inscription des adresses et le timbre.

La troisième partie de l'e-mail, le corps, est l'espace où vous devez saisir votre message. En somme, c'est l'équivalent de la lettre que vous glissez dans une enveloppe avant de l'envoyer. Notez cependant que lorsque vous attachez un fichier à vos messages, celui-ci fait partie du corps de l'e-mail, même si, sous l'interface graphique de votre logiciel de messagerie, la pièce jointe apparaît totalement à part.

Enfin, la signature correspond à un petit fichier texte descriptif (contenant, par exemple, l'adresse de votre site web ou votre numéro de téléphone) qui accompagne systématiquement tous les messages que vous envoyez. Le texte de ce fichier apparaît en bas de message, à la suite de votre texte. La signature est le seul élément optionnel des quatre parties de l'e-mail. Rien ne vous oblige effectivement à en adopter une.

Remplir les champs d'expédition

Avant de rédiger le corps de votre message et de l'envoyer, il faut indiquer l'adresse du destinataire, c'est-à-dire remplir les différents champs de l'en-tête de votre e-mail. Ces derniers apparaissent de façon indépendante dans Windows Mail, en haut de la fenêtre d'édition des messages.

Pour y accéder, la procédure s'effectue en toute simplicité, en quelques clics de souris.

1 Démarrez Windows Mail et cliquez sur le bouton **Créer un message** dans la barre d'outils pour ouvrir la fenêtre d'édition des nouveaux messages.

2 Un nouvel espace s'affiche pour la rédaction de vos messages. Par défaut, seuls trois champs d'expédition apparaissent, or il en existe quatre. Pour les afficher tous, sélectionnez la commande **Tous les en-têtes** du menu **Affichage**.

3 Immédiatement après, vous disposez d'un champ supplémentaire, intitulé *Cci*, dans l'en-tête de votre nouveau message. Vous verrez son rôle à l'étape de l'envoi des messages.

Comme vous pouvez le constater, les champs à remplir avant d'expédier vos e-mails ne sont pas si nombreux. En fait, un seul est obligatoire, un second est recommandé, et les deux autres sont facultatifs. Commençons par celui qui est obligatoire.

1 Le champ *A* (ou *To* en anglais) permet d'indiquer l'adresse électronique de votre correspondant.

2 Notez qu'en cliquant sur l'intitulé du champ, vous faites apparaître votre carnet d'adresses.

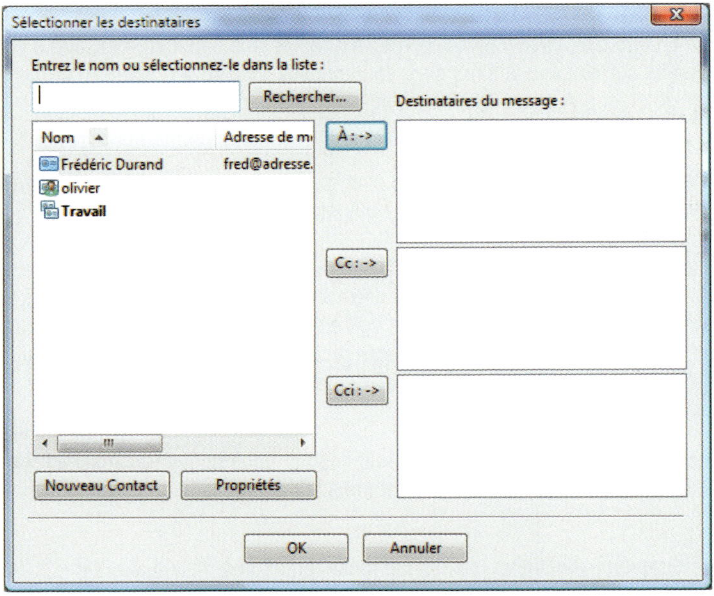

3 Pour inscrire automatiquement l'un de vos contacts, sélectionnez-le sur la liste conçue à cet effet, à gauche, et cliquez sur le bouton **A** pour transférer son nom dans le cadre situé à droite. Validez ensuite la fenêtre par OK. C'est aussi simple que cela !

Plusieurs destinataires

Pour envoyer votre message à plusieurs correspondants, inutile de créer autant de nouveaux messages qu'il existe de destinataires. Il suffit d'inscrire leurs adresses les unes à la suite des autres en les séparant d'une virgule.

Passons à présent au champ conseillé, intitulé *Objet*. Celui-ci permet d'indiquer un sujet au message. S'il n'est pas obligatoire, on remarquera tout de même qu'il n'est pas élégant d'envoyer des e-mails sans sujet précisé. Votre correspondant aura plus de mal à classer votre message s'il est envoyé ainsi. Dès lors, il vaut mieux consacrer quelques secondes supplémentaires pour inscrire deux trois mots sous ce champ avant d'envoyer vos e-mails. Ils seront effectivement d'un bien meilleur effet.

Toujours dans l'en-tête de votre nouveau message, vous trouvez encore deux autres champs, mais qui, cette fois-ci, sont facultatifs.

1 Le champ *Cc* (Carbon copy) permet d'envoyer une copie du message à un ou à plusieurs autres destinataires dont vous pouvez ici indiquer l'adresse e-mail. À l'instar du champ *A*, vous pouvez inscrire plusieurs adresses en les séparant d'une virgule.

Là encore, en cliquant sur l'intitulé du champ, vous pouvez afficher votre carnet d'adresses et insérer directement de nouveaux contacts sous ce champ.

2 Le champ *Cci* désigne aussi un espace où vous pouvez inscrire des adresses e-mail pour envoyer le message à d'autres destinataires. Toutefois, à la différence des précédents champs, les adresses des en-têtes sont masquées. En d'autres termes, lorsque tous vos correspondants recevront votre message, il ne leur sera pas possible de connaître les destinataires dont les adresses ont été saisies sous ce champ.

Bien entendu, en cliquant sur l'intitulé du champ, vous pouvez ici aussi afficher votre carnet d'adresses et insérer directement de nouveaux contacts.

Rédiger un e-mail

La rédaction du message s'effectue dans le corps, c'est-à-dire l'espace qui se situe juste en dessous des champs de l'en-tête. On y saisit du texte comme dans n'importe quel traitement de texte, et il n'existe aucune consigne particulière au niveau de la forme ou du fond. Cela dit, comme nous l'avons signalé dans l'introduction, un message e-mail est en général plus bref et plus décontracté qu'une lettre classique, voire un fax.

Il convient cependant d'attirer votre attention sur le format des messages. La règle voudrait que, par e-mail, tout ce qui transite sur le réseau soit conforme au format texte. Or, par défaut, Windows Mail envoie ses messages au format HTML, c'est-à-dire le format de création des pages web. Cela dit, et comme nous le verrons en seconde partie, rien ne vous interdit de contourner les réglages par défaut de Windows Mail en lui spécifiant d'envoyer vos messages au format texte uniquement. Contentez-vous pour le moment d'envoyer vos e-mails en toute simplicité. Ce qui ne vous empêchera pas toutefois de modifier certains points, en particulier la police de caractères qui peut ne pas convenir à tout le monde.

La police de caractères

Pour rédiger vos messages, choisissez la police de caractères avec prudence. Si vos correspondants ne l'ont pas installé sur leur système, ils ne pourront pas en profiter lorsqu'ils liront vos messages. Dans ce cas, votre police sera remplacée par celle qui est proposée par défaut sur le système du destinataire (Arial ou Courier, par exemple).

1 Sélectionnez la commande **Options** du menu **Outils** pour afficher la boîte de dialogue dédiée aux paramètres de configuration de Windows Mail.

2 Dans la boîte de dialogue qui s'affiche, cliquez sur l'onglet **Message**. La première section, intitulée *Police de composition*, vous indique le type de police de caractères utilisé actuellement pour le courrier et les newsgroups. Si vous souhaitez modifier ce paramètre, cliquez sur le bouton **Paramètres des polices**.

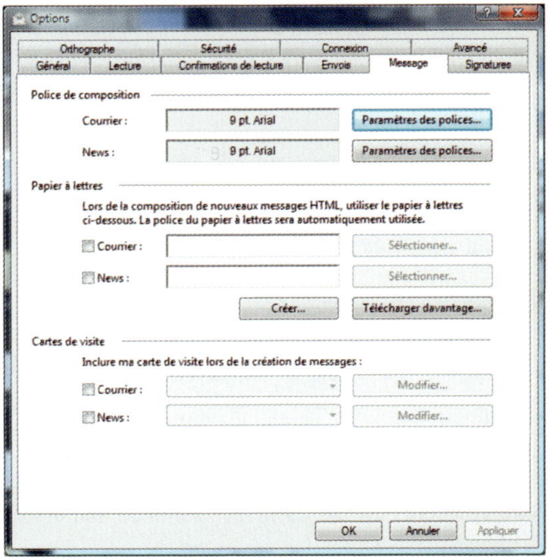

3 Dans la nouvelle boîte de dialogue intitulée **Police**, vous pouvez choisir le type de police à utiliser et définir sa taille, voire sa couleur. Nous vous déconseillons toutefois de modifier les autres paramètres (inutile, par exemple, d'écrire tous vos messages en gras ou en italique !). Une fois vos choix effectués, cliquez sur le bouton OK pour les valider.

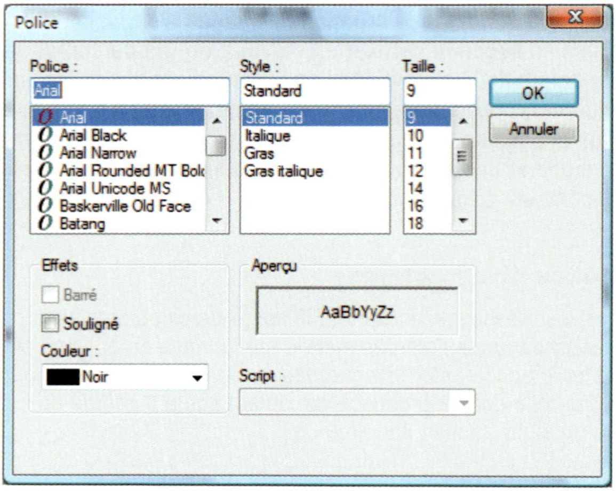

Ajouter une signature

Comme nous l'avons indiqué au début, la signature représente une partie optionnelle d'un message e-mail. Elle représente un petit fichier texte (portant l'extension *.sig*) qui s'insère automatiquement en bas des messages que vous envoyez.

Si l'on en croit la Netiquette, elle ne devrait théoriquement pas dépasser quatre ou cinq lignes. Mais, comme vous le constaterez très vite, elle constitue bien souvent un véritable divertissement pour certains et elle peut prendre alors une dimension… considérable.

La Netiquette

Il s'agit d'un ensemble de règles non officielles qui définissent les principes de bonne conduite sur Internet.

En général, une signature e-mail permet de vous identifier de façon plus précise auprès de vos correspondants ou de personnaliser vos messages.

Dans d'autres cas, elle constitue également un espace idéal pour passer un message publicitaire ou faire la promotion de vos activités.

Si cela vous tente, voici comment créer et intégrer automatiquement une signature dans vos messages.

1 Démarrez Windows Mail et sélectionnez la commande **Options** du menu **Outils**.

2 Dans la boîte de dialogue qui s'affiche, sélectionnez l'onglet **Signatures**.

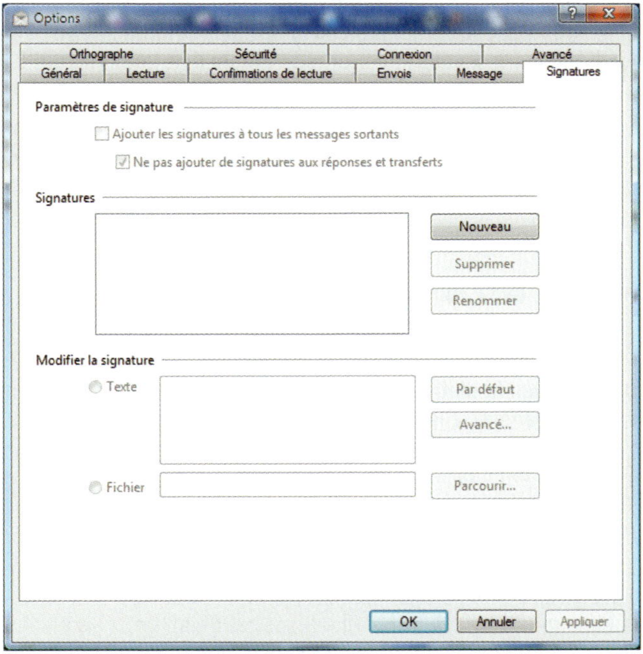

3 Cliquez sur le bouton **Nouveau** et cochez l'option *Ajouter les signatures à tous les messages sortants*. Si vous le souhaitez, vous pouvez désactiver l'option qui suit, c'est-à-dire *Ne pas ajouter de signatures aux réponses et transferts*.

4 Dans la section *Modifier la signature*, rédigez le texte de votre signature ou cliquez sur l'option *Fichier* pour, avec le bouton **Parcourir**, indiquer un fichier à intégrer directement en bas de votre message (un fichier texte ou une image). Validez ensuite la boîte de dialogue par OK.

Notez que vous pouvez avoir plusieurs signatures. Il suffit de sélectionner celle que vous souhaitez utiliser au moment d'envoyer votre message dans la liste déroulante correspondante de l'éditeur de messages.

Dernière remarque : évitez de choisir une image pour votre signature. Cela alourdira vos messages inutilement et fera probablement râler plus d'un de vos correspondants.

Envoyer un e-mail

Rien de plus simple ! Vous avez rempli tous les champs de l'en-tête ? Vous avez rédigé votre texte dans le corps du message ? Éventuellement, vous avez ajouté votre signature si vous l'avez créée… Alors il ne vous reste effectivement plus qu'à envoyer votre message.

Concrètement, un seul clic de souris suffit. Cliquez sur le bouton **Envoyer** de la barre d'outils intégrée dans la fenêtre de composition de votre message. Ce n'est pas plus compliqué que cela.

Envoyer un e-mail *comme un professionnel*

Nous venons de voir la méthode la plus simple et la plus rapide pour envoyer un message. En général, elle conviendra à la plupart d'entre vous, mais, dans certains cas, il faudra régler plus précisément les paramètres de configuration de Windows Mail (en cas d'incompatibilité avec le format HTML chez votre correspondant, par exemple) ou modifier certains points pour que l'utilisation de ce programme vous convienne vraiment.

Configuration avancée des envois

Comme nous l'avons signalé, Windows Mail envoie ses messages par défaut au format HTML. Or, si l'apparence d'un e-mail au format HTML est considérablement plus attrayante qu'un simple message texte, cela implique toutefois deux problèmes. Le premier : votre correspondant ne possède pas toujours un lecteur d'e-mails compatible avec le format HTML. Dans ce cas, les messages que vous lui enverrez seront parfaitement illisibles. Second problème : la bande passante consommée sur le réseau. Elle est effectivement plus importante avec les messages HTML, qui peuvent contenir des instructions de code pour la mise en page et des images.

Dans ces conditions, il est légitime de vouloir modifier les paramètres par défaut de Windows Mail, et Microsoft vous le permet sans aucune difficulté.

1 Démarrez Windows Mail et sélectionnez la commande **Options** du menu **Outils** que vous connaissez bien maintenant.

2 Dans la boîte de dialogue qui s'affiche, cliquez sur l'onglet **Envois**.

3 Sous la section *Format d'envoi du courrier*, cliquez sur l'option *Texte brut*. Désormais, Windows Mail enverra vos messages, par défaut, au format texte.

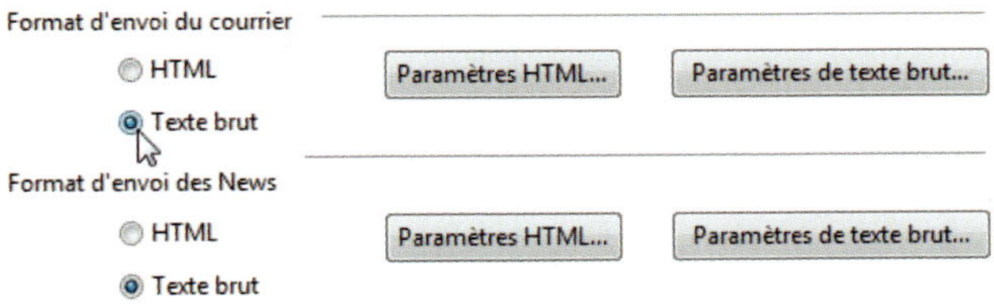

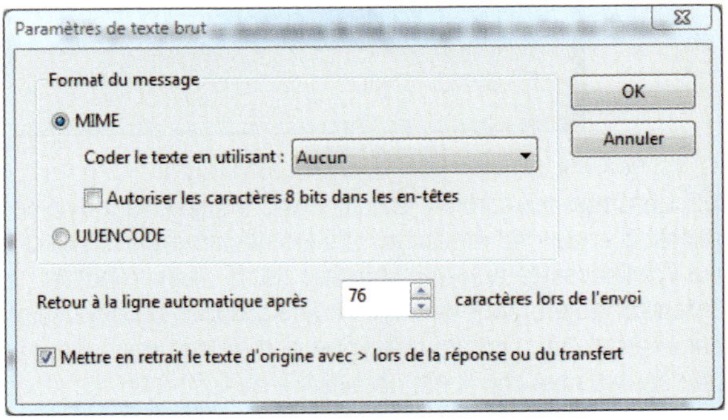

4 Vous pouvez définir plus précisément les paramètres du format sélectionné. Pour cela, cliquez sur le bouton **Paramètres du texte brut** pour afficher une nouvelle boîte de dialogue. Nous vous conseillons toutefois de ne modifier ici aucune option. De fait, elles respectent le standard adopté par toutes les messageries Internet. Néanmoins, si vous utilisez Windows Mail dans un environnement intranet (le réseau privé de votre entreprise), l'administrateur système autorise peut-être certaines libertés au niveau de la configuration de l'envoi des messages. Dans ce cas, vous pourrez peut-être utiliser des accents dans les champs d'en-tête en cochant l'option *Autoriser les caractères 8 bits dans les en-têtes*, ou modifier la longueur de vos lignes en personnalisant la valeur de l'option de retour de ligne automatique. Tout cela est à voir avec l'administrateur système, et, comme nous l'avons dit, les réglages proposés par défaut ne doivent surtout pas être changés si vous utilisez Windows Mail pour communiquer à travers Internet.

5 Comme vous pouvez le constater avec la présence du bouton **Paramètres du texte HTML**, il est également possible de peaufiner les paramètres d'envoi des messages au format HTML. Là encore, pour une utilisation de la messagerie sur Internet, vous ne devez pas modifier les options contenues sous la section *Format des messages MIME*. Ces dernières respectent un standard de transmission qui assure la lisibilité de vos messages à travers différents environnements. Cela dit, rien ne vous empêche de modifier les deux dernières options, à savoir *Envoyer des images avec les messages* pour autoriser l'insertion de fichiers graphiques dans vos e-mails, ou *Mettre en retrait le message lors de la réponse* pour créer un effet de style lorsque vous répondez à un e-mail.

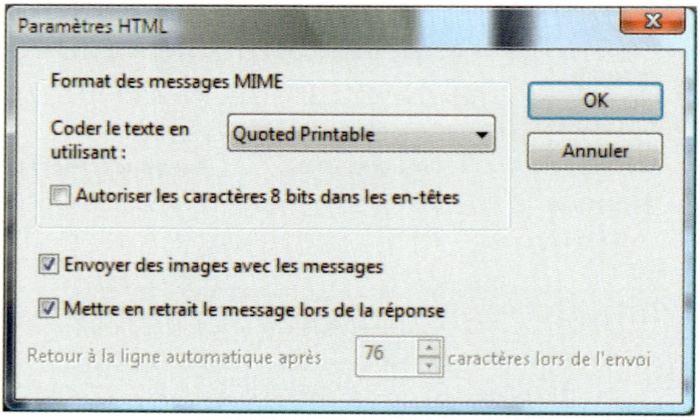

6 Comme vous pouvez le voir, il existe également une section dédiée au format d'envoi des messages sur les newsgroups. Celle-ci est réglée par défaut sur l'option *Texte brut* et il convient de ne pas la modifier. Vous serez peut-être amené à le faire pour participer à des groupes de discussion privée, mis en place par exemple sur l'intranet de votre entreprise ; mais, pour accéder aux newsgroups publics, il est nécessaire de respecter les standards techniques de transmission des données.

7 Comme vous pouvez le remarquer avec les options de la première section de la boîte de dialogue, il existe encore de nombreux autres paramètres à régler pour envoyer vos messages. Par exemple, en cochant l'option *Copier les messages envoyés dans le dossier Éléments envoyés*, vous conserverez automatiquement une copie des e-mails envoyés.

Si vous disposez d'une connexion permanente de type ADSL ou câble, vous pouvez cocher l'option *Envoyer les messages immédiatement* ; sinon, désactivez-la. Lorsque vous cliquerez sur le bouton **Envoyer** de l'éditeur de messages, votre e-mail sera placé dans un dossier spécifique avant d'être réellement envoyé lorsque vous vous connecterez à Internet.

En cochant l'option *Toujours placer les destinataires de mes messages dans ma liste des Contacts*, vous avez la possibilité d'enregistrer automatiquement l'adresse électronique de tous vos correspondants dans votre carnet d'adresses, dès que vous leur envoyez un message.

Si vous cochez l'option *Compléter automatiquement l'adresse de messagerie lors de la saisie*, Windows Mail tentera de remplir à votre place les adresses électroniques que vous commencerez à saisir dans les champs d'en-tête des messages. Cette option est très confortable mais également très indiscrète si vous avez l'habitude de partager votre programme de messagerie avec d'autres personnes.

Lorsque vous répondez à un message, il est courant de reprendre l'intégralité de l'e-mail d'origine dans votre réponse. Cela dit, vous pouvez changer les habitudes en désactivant l'option *Inclure le message d'origine dans la réponse*. Ce qui n'est toutefois pas conseillé car la reprise du message initial permet souvent à votre correspondant de mieux resituer le contexte d'un échange.

Enfin, pour éviter tout problème de compatibilité avec vos correspondants, nous vous conseillons de cocher la dernière option, à savoir *Répondre aux messages en utilisant leur format d'origine*.

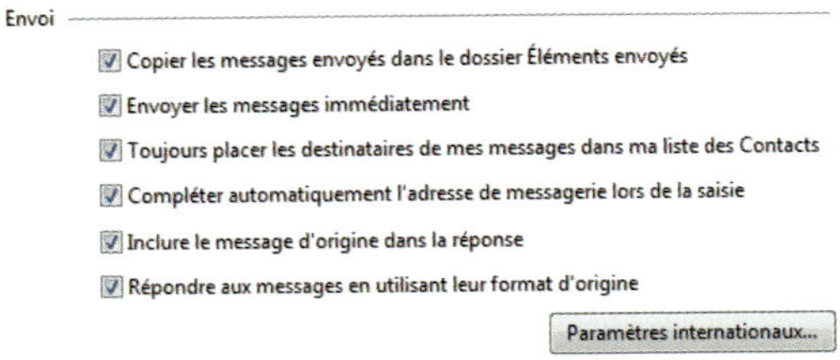

8 Par défaut, les paramètres internationaux de Windows Mail ont été réglés automatiquement en fonction de la langue de votre système. Toutefois, si vous devez changer de pays, rien ne vous interdit de modifier le jeu de caractères employé dans vos messages. Il suffit de cliquer sur le bouton **Paramètres internationaux** et de choisir votre système de codage sur la liste déroulante *Codage par défaut*. Dans tous les cas, pour

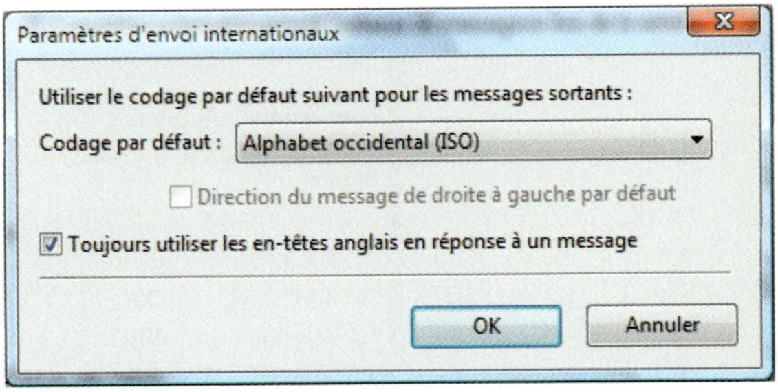

respecter les standards de messagerie sur Internet, vous devez garder sélectionnée l'option *Toujours utiliser les en-têtes anglais en réponse à un message*.

Répondre et faire suivre

Nous avons vu comment envoyer un message le plus simplement du monde. Mais il existe encore deux autres méthodes qui ne sont pas bien plus compliquées.

La première consiste tout simplement à répondre directement à un message.

1 Lorsque vous lisez un e-mail dans la fenêtre principale de Windows Mail, à partir du dossier *Boîte de réception* par exemple, cliquez sur le bouton **Répondre** de la barre d'outils pour ouvrir la fenêtre d'édition des messages.

Plusieurs correspondants

Si le message a été envoyé à plusieurs personnes, vous pouvez cliquer sur le bouton **Répondre à tous** pour envoyer votre réponse à tous les correspondants.

2 Comme vous pouvez le constater, le message initial a été repris. Il ne vous reste plus qu'à rédiger votre réponse et à cliquer sur le bouton **Envoyer**.

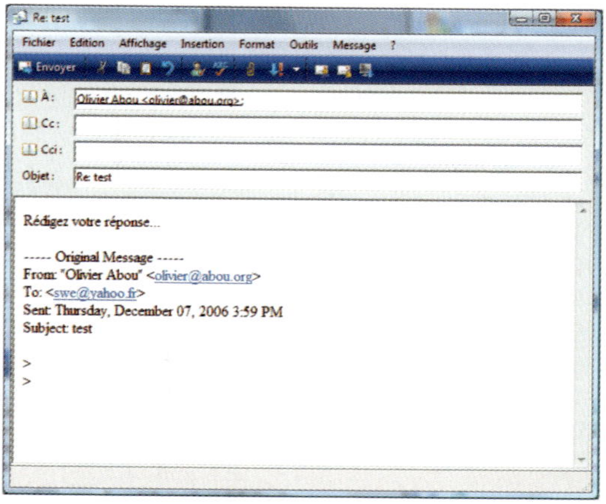

La seconde méthode consiste à faire suivre le message reçu à d'autres correspondants, en y ajoutant éventuellement un commentaire.

1 Affichez un message dans la fenêtre principale de Windows Mail et cliquez sur le bouton **Transférer** de la barre d'outils.

2 La fenêtre d'édition des messages s'ouvre, mais, à la différence de la procédure précédente, vous devez indiquer ici les adresses électroniques des correspondants auxquels vous souhaitez faire suivre le message. Bien entendu, rien ne vous interdit d'ajouter un commentaire dans le corps du message ou de modifier l'objet.

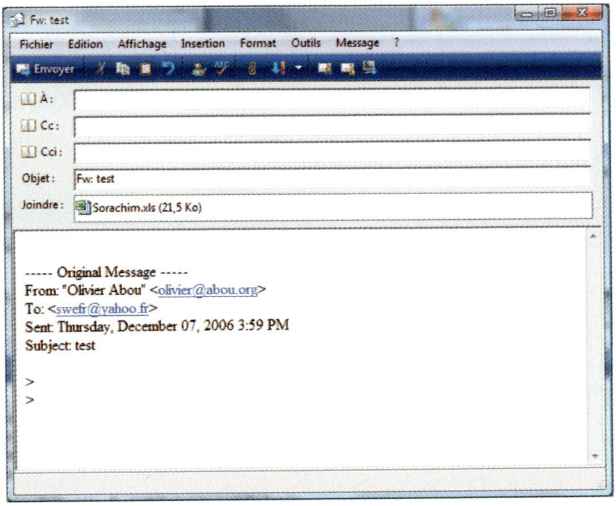

Envoyer des pièces jointes

La messagerie Internet permet d'envoyer bien mieux que de simples messages. En effet, rien ne vous empêche d'y attacher un fichier binaire, c'est-à-dire une image, du son, un logiciel, un document Word, une feuille de calcul Excel, etc.

Concrètement, votre logiciel de courrier électronique convertit automatiquement le document attaché pour le faire transiter sur Internet dans un format texte. Lorsque votre correspondant le récupère ensuite, son programme de messagerie convertit automatiquement le fichier attaché pour qu'il retrouve son format initial. Bien entendu, la procédure est totalement transparente et les utilisateurs n'ont pas à s'en préoccuper.

À ne pas négliger

Lorsque vous envoyez un fichier attaché, le temps de transmission du message peut être considérablement plus long. Plus le fichier est volumineux, plus il est long à transférer.

1 Pour envoyer une pièce jointe, démarrez Windows Mail et cliquez sur le bouton **Créer un message** (premier bouton de la barre d'outils).

2 Remplissez les champs d'en-tête (indiquez le ou les destinataires, l'objet…) et rédigez votre message comme d'habitude. Mais, avant de l'envoyer, cliquez sur le bouton **Insérer un fichier au message**.

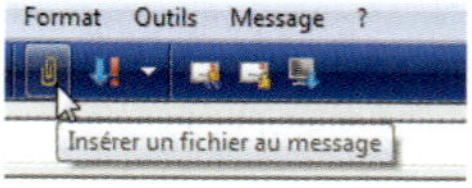

3 Une boîte de dialogue apparaît instantanément. Sélectionnez le fichier que vous souhaitez envoyer avec le message et cliquez sur le bouton **Ouvrir**.

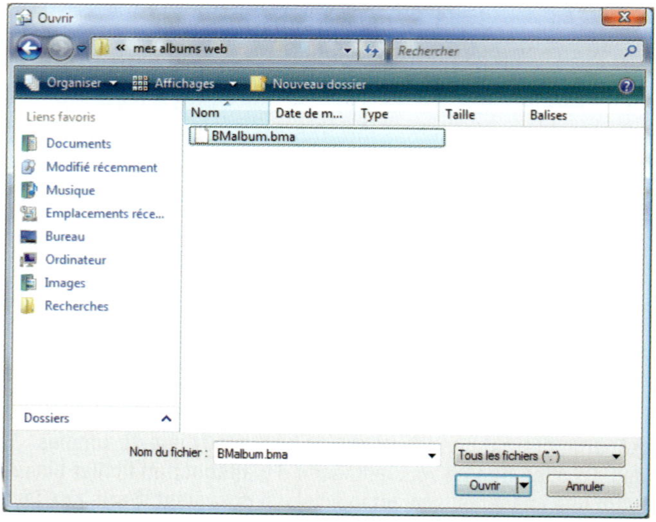

Rien ne vous interdit d'attacher ensuite un deuxième ou un troisième fichier… mais il faut rester raisonnable au niveau du poids de votre message. Quoi qu'il en soit, après que vous avez joint vos fichiers, une nouvelle ligne s'affiche dans l'en-tête de votre message et indique le nom des fichiers attachés. Il ne vous reste plus qu'à envoyer l'e-mail comme d'habitude, en cliquant sur le bouton **Envoyer**.

Précautions

Lorsqu'un fichier doit transiter par la messagerie Internet, il faut particulièrement faire attention à son intitulé. Évitez tous les caractères spéciaux (dont les accents) et n'utilisez pas d'espace non plus. Si possible, choisissez un nom de fichier court pour empêcher que le titre ne soit tronqué.

Rédiger un e-mail au format HTML

Comme nous l'avons dit, le format d'envoi des messages par défaut de Windows Mail désigne celui des pages web, c'est-à-dire le format HTML. Dans ces conditions, vos messages peuvent contenir tout ce que contiennent des pages Web. Voyons alors comment intégrer des images dans vos e-mails pour égayer votre communication et la rendre plus attrayante.

1 La méthode la plus simple consiste à choisir tout d'abord un papier à lettres. Windows Mail en propose plusieurs par défaut. Démarrez le programme et cliquez sur la flèche du premier bouton de la barre d'outils (**Créer un message**). Un menu déroulant apparaît et il ne vous reste plus qu'à choisir la commande **Sélectionner le papier à lettres** pour accéder à différentes compositions graphiques.

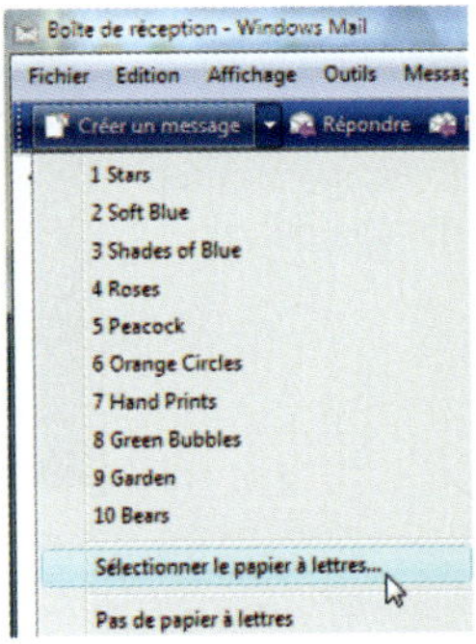

2 Dans la boîte de dialogue qui s'affiche, cochez l'option *Afficher l'aperçu* et sélectionnez un par un les fichiers proposés. Vous pouvez ainsi consulter leur contenu sous forme de miniatures dans le cadre situé à droite. Une fois que vous avez trouvé celui qui vous plaît, cliquez sur le bouton OK.

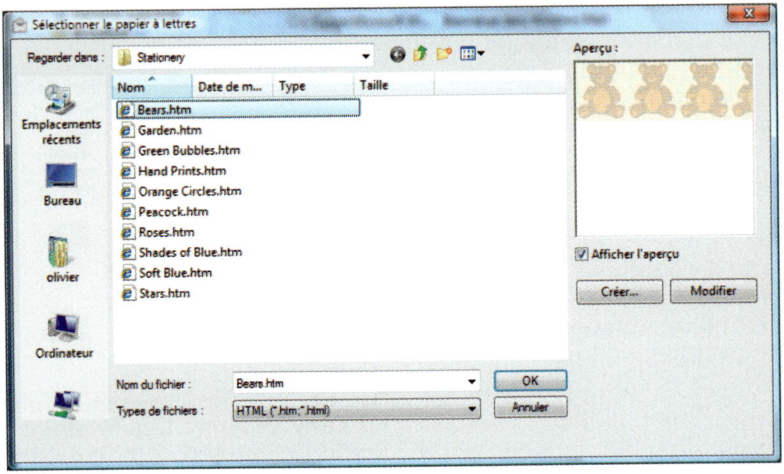

3 La fenêtre d'édition des messages apparaît avec le papier à lettres que vous avez choisi. Vous pouvez maintenant rédiger votre message comme d'habitude.

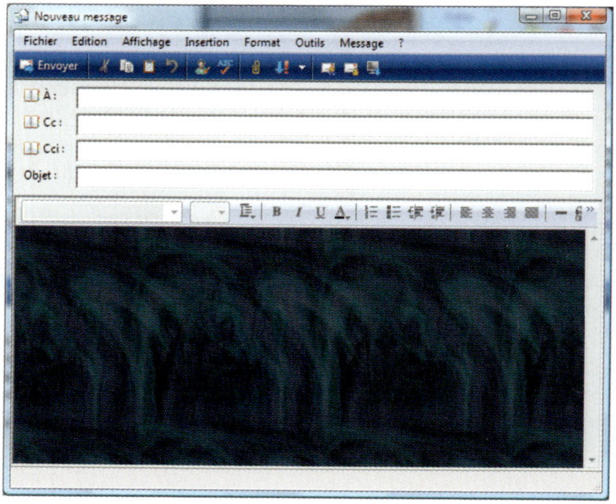

4 N'hésitez pas à utiliser les fonctionnalités de la barre d'outils de la fenêtre d'édition. Elle offre les mêmes commandes que tout traitement de texte digne de ce nom : gras, italique, changement de police, taille des caractères, etc.

5 Pour insérer une image, cliquez sur le bouton **Insérer une image** de cette barre d'outils.

6 Une boîte de dialogue apparaît. Sélectionnez l'image que vous souhaitez intégrer dans le message et cliquez sur **Ouvrir**.

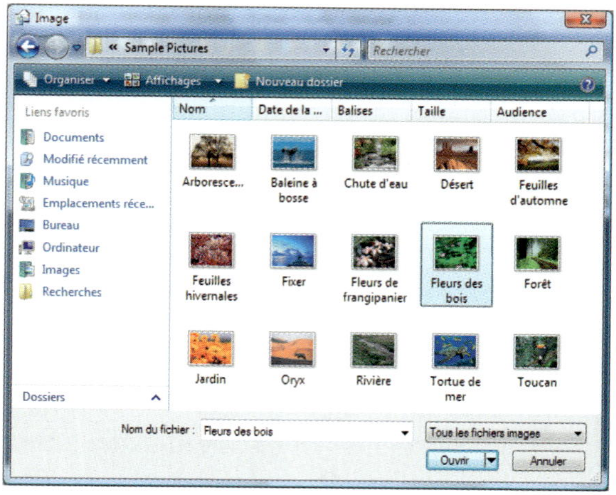

7 De retour dans la fenêtre d'édition de votre message, vous pouvez aligner les différents éléments de votre mail (images, texte...) avec les options de la liste *Alignement*.

8 Vous pouvez ajouter également un trait de séparation entre les différents paragraphes de votre page, ou entre les fichiers graphiques et le texte. Il suffit de placer le curseur à l'endroit souhaité et de cliquer sur le bouton **Insérer une ligne horizontale**.

9 Enfin, pour insérer un lien hypertexte dans votre texte, c'est-à-dire un pointeur qui permettra, lorsqu'on cliquera dessus, de se connecter sur un site web, par exemple pour afficher une autre page, commencez d'abord par sélectionner le texte qui servira à créer le lien, puis cliquez sur le bouton **Créer un lien hypertexte**.

10 Une nouvelle boîte de dialogue apparaît. Inscrivez l'adresse du site web, ou de la page web, à afficher sous le champ intitulé *URL*. Validez par OK.

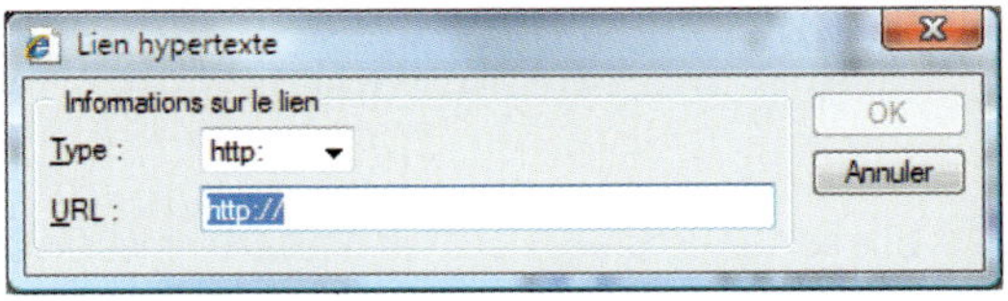

11 Une fois la composition de la page terminée, il ne vous reste plus qu'à l'envoyer en cliquant sur le bouton **Envoyer**. En fonction du nombre d'images que vous aurez intégrées et du débit de votre connexion, votre message prendra un certain temps à être transféré.

Recevoir des messages

Après l'envoi des messages, il nous faut voir maintenant comment se déroule leur réception. Rien de bien compliqué là non plus, si vous avez correctement configuré votre programme.

Les bases *de la réception*

Le transfert du courrier électronique sur votre machine peut prendre un temps considérable. Tout dépend en fait du nombre de messages à transférer, de la vitesse de votre connexion et, surtout, du volume des pièces attachées à certains e-mails que vous recevrez.

Recevoir les messages

La procédure pour retirer votre courrier n'exige aucune compétence technique particulière.

1 Démarrez Windows Mail et cliquez, dans la barre d'outils, sur le bouton **Envoyer/Recevoir**. Cette fonction a

la particularité d'envoyer d'abord les messages qui sont dans la file d'attente et, dans un second temps, de retirer votre courrier à partir du serveur POP3 ou IMAP dont vous avez spécifié l'adresse dans les paramètres de configuration de Windows Mail.

2 Si vous voulez éviter de déclencher la double procédure précédente, il suffit de cliquer sur la flèche du bouton **Envoyer/Recevoir** pour sélectionner ensuite une des commandes proposées.

La commande **Recevoir tout** permet de télécharger tout votre courrier à partir de votre serveur de messagerie tandis que la commande **Envoyer tout** permet de transmettre vos messages en attente.

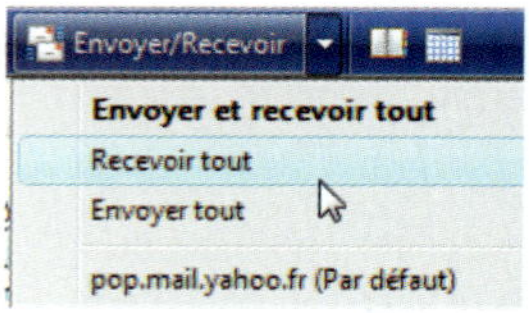

3 Une fois téléchargés, tous les nouveaux messages apparaissent dans le dossier intitulé *Boîte de réception*. Le cadre du haut affiche le nom de l'expéditeur, le sujet et la date de réception. Cliquez sur l'intitulé de l'un d'eux pour consulter immédiatement son contenu dans le cadre inférieur. Notez que la colonne qui intègre l'icône d'un trombone indique si le message contient une pièce jointe.

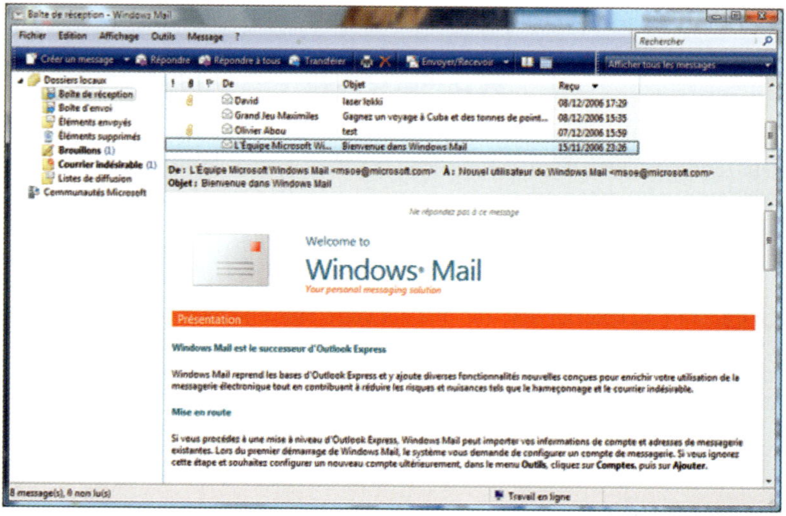

Classer les messages

Avec le temps, et comme vous le remarquerez très vite, les messages s'accumulent dans la boîte de réception. Pour les trier, ce n'est pas bien compliqué. Il suffit de cliquer sur les intitulés de colonne pour les classer par ordre croissant ou décroissant.

Cela dit, avec le nombre de messages que vous risquez de recevoir au fil du temps, cette méthode de tri se révèle très vite insuffisante.

Nous vous renvoyons au chapitre précédent où nous avons expliqué la procédure de création de dossiers thématiques supplémentaires. Cela vous permettra effectivement de ventiler vos messages afin d'y voir plus clair.

Concrètement, le rangement des e-mails dans différents dossiers se fait en toute simplicité avec votre souris.

1 Sélectionnez l'intitulé du message que vous souhaitez déplacer dans le cadre supérieur de Windows Mail, c'est-à-dire la boîte de réception.

2 Tout en maintenant le bouton gauche de la souris enfoncé, déplacez son pointeur sur le dossier où vous souhaitez ranger le message.

3 Relâchez le bouton de la souris. Votre message vient d'être déplacé dans le nouveau dossier.

4 Vous pouvez également sélectionner et déplacer vos messages en cliquant dessus avec le bouton droit de la souris. De cette façon, vous disposez de plusieurs commandes parmi lesquelles vous choisirez la plus appropriée.

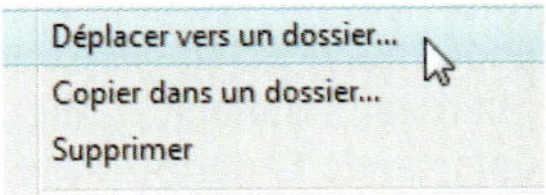

La commande **Déplacer vers un dossier** permet de déposer le message sélectionné dans un nouveau dossier en le supprimant du dossier de départ. À l'inverse, la commande **Copier dans un dossier** permet de créer une copie du message sélectionné dans un nouveau dossier, sans supprimer l'exemplaire original dans le dossier de départ.

5 Après que vous avez sélectionné l'une des deux commandes, une boîte de dialogue s'affiche pour vous permettre d'indiquer le dossier où vous souhaitez déplacer ou copier le message sélectionné. Choisissez le nouveau dossier et cliquez sur OK pour déplacer ou copier le message.

Comme nous le verrons plus loin, il est également possible de classer vos messages automatiquement, dès que vous les recevrez.

Sauvegarder les messages

Vos e-mails peuvent être copiés dans différents dossiers de Windows Mail, mais ce n'est pas toujours suffisant pour constituer une sauvegarde fiable. De plus, vous pouvez avoir besoin, un jour, d'emporter deux ou trois messages spécifiques. Dans ces conditions, il va vous falloir les sauvegarder séparément.

1 Démarrez Windows Mail et sélectionnez le message que vous souhaitez sauvegarder.

2 Sélectionnez la commande **Enregistrer sous** du menu Fichier.

3 Une nouvelle boîte de dialogue s'affiche et vous propose, sur la liste déroulante *Type*, trois formats de sauvegarde. Le premier, *.eml*, correspond au format originel de Windows Mail, tandis que le deuxième désigne un format texte simple. Le troisième correspond à un format texte Unicode qui pourra être exploité sans difficulté dans d'autres environnements (Macintosh, par exemple). Enfin, le dernier désigne le format des pages web (*.htm* ou *.html*).

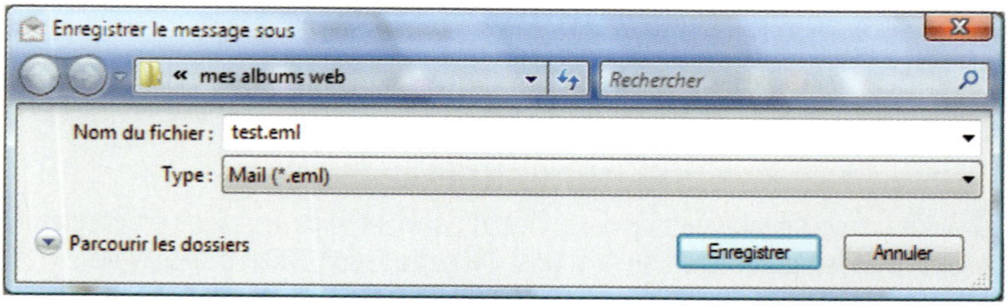

Notez que les messages peuvent également être exportés en une seule fois pour être directement exploités ensuite dans deux autres applications Microsoft : Outlook et Microsoft Exchange. Il suffit de sélectionner la commande **Exporter/Messages** du menu **Fichier**.

Sauvegarder les pièces jointes

Lorsque vous recevez un fichier attaché à un message, vous devez généralement le sauvegarder sur votre disque. La procédure ne présente aucune difficulté et il existe plusieurs méthodes pour arriver à vos fins.

1 Les messages qui contiennent un fichier attaché sont facilement identifiables dans vos dossiers par l'icône d'un trombone. Sélectionnez celui dont vous souhaitez sauvegarder la pièce jointe.

2 Dans le cadre inférieur de la fenêtre principale de Windows Mail, cliquez sur l'icône du trombone.

3 n menu déroulant apparaît avec l'intitulé du fichier et sa taille. Sélectionnez la commande **Enregistrer les pièces jointes**.

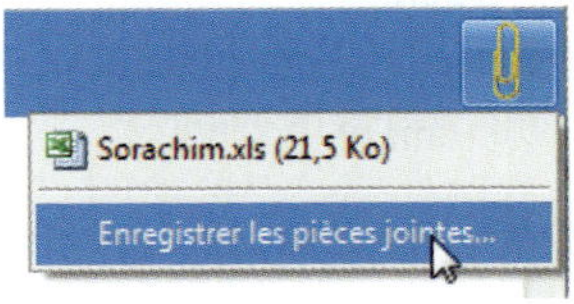

4 Dans la nouvelle boîte de dialogue qui s'affiche, cliquez sur le bouton **Parcourir** pour sélectionner le dossier où vous allez sauvegarder le fichier joint. Cliquez ensuite sur le bouton **Enregistrer**.

Autre possibilité pour enregistrer les fichiers attachés :

1 Sélectionnez le message dont vous souhaitez sauvegarder la pièce jointe.

2 Sélectionnez la commande **Enregistrer les pièces jointes** du menu **Fichier**.

3 Vous retrouvez la boîte de dialogue intitulée **Enregistrer les pièces jointes** que vous avez vue précédemment, lors de la première méthode d'enregistrement d'une pièce jointe (étape 4). Sélectionnez le dossier où sauvegarder le fichier et cliquez sur **Enregistrer**.

Sécurité

Méfiez-vous des fichiers attachés que vous recevez par e-mail, en particulier ceux qui proviennent d'inconnus. Ils peuvent contenir des virus et autres mauvaises plaisanteries de ce genre.

Automatiser la réception des e-mails

Passons à présent à la mise en place des fonctionnalités qui se déclencheront automatiquement à la réception de vos messages. La technique consiste à élaborer des règles de filtrage automatique.

Le classement automatique

Comme nous l'avons vu précédemment, le classement des messages dans vos dossiers peut se faire en toute simplicité en les déplaçant avec votre souris. Si cette méthode est à la portée de tous, elle peut toutefois devenir très fastidieuse quand le nombre de messages à trier croît trop vite. Or, si vous vous inscrivez par exemple à plusieurs listes de diffusion, vous pouvez rapidement vous retrouver noyé sous un flot des données. C'est pourquoi les règles de tri dans Windows Mail sont de toute première importance et il ne faut pas les négliger.

1 Sélectionnez la commande **Règles de message/Courrier** du menu **Outils**.

2 Si vous avez déjà défini des règles, contentez-vous de cliquer sur le bouton **Nouveau** pour en ajouter une nouvelle. Sinon, utilisez directement la boîte de dialogue qui vient de s'afficher.

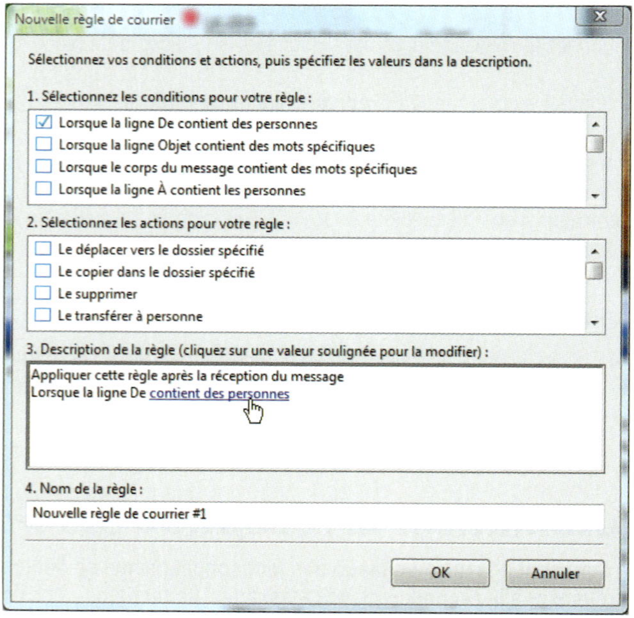

3 Sous la première section, cochez la case *Lorsque la ligne De contient...* et cliquez sur l'option *Contient des personnes* présente sous le cadre intitulé *Description de la règle*.

4 Dans la nouvelle boîte de dialogue qui s'affiche, saisissez les adresses e-mail des expéditeurs dont vous souhaitez classer automatiquement les messages dans les dossiers nouvellement créés. N'oubliez pas de cliquer sur le bouton **Ajouter** entre chacune d'elles, sinon votre règle ne fonctionnera pas. Notez que vous pouvez également sélectionner directement les adresses électroniques de vos correspondants à partir de votre carnet d'adresses.

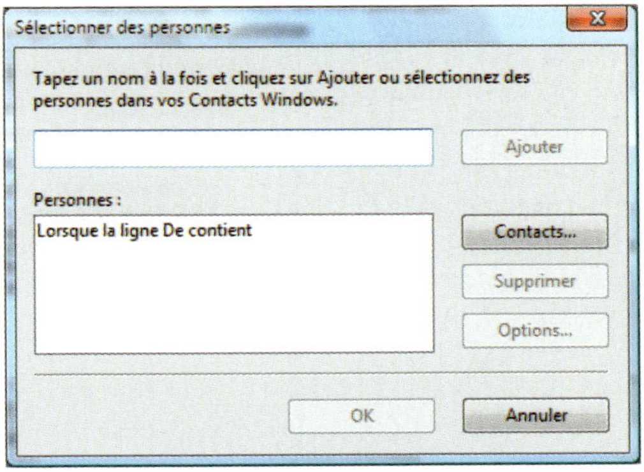

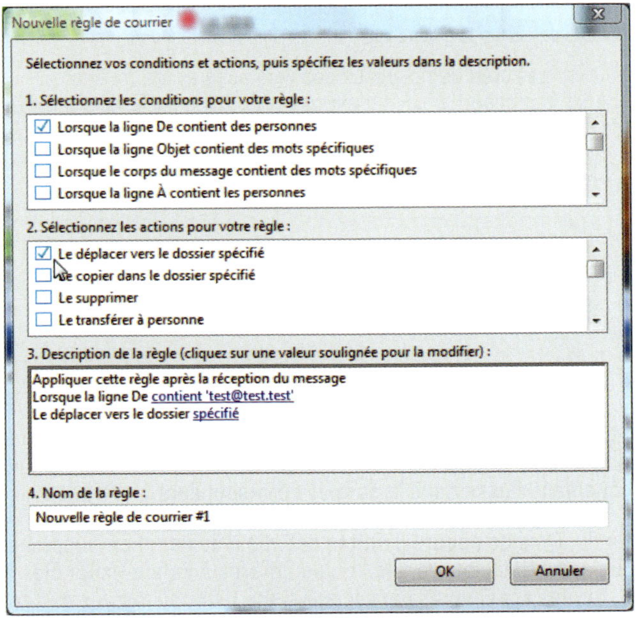

5 Retournez dans la boîte de dialogue précédente et cochez l'option *Le déplacer vers le dossier...* qui apparaît dans le cadre 2. Ce dernier a justement été conçu pour sélectionner les différentes actions à déclencher lors de la réception des messages.

6 Cliquez sur le lien *Le déplacer vers le dossier spécifié*, sélectionnez l'un de vos nouveaux dossiers et validez avec le bouton OK.

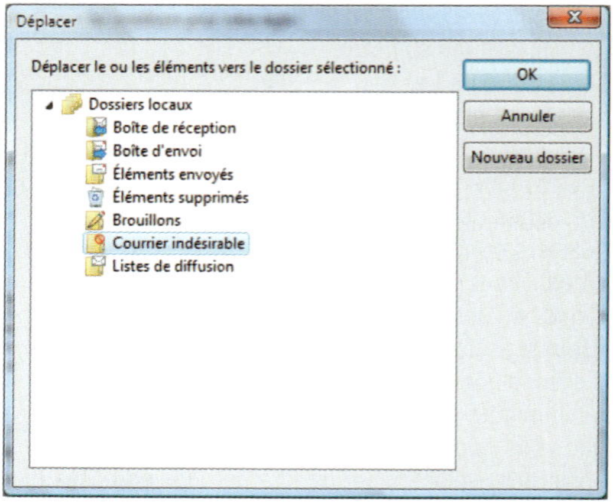

Création des dossiers

Si vous n'avez pas créé de nouveaux dossiers auparavant, inutile d'abandonner la procédure, car il n'est pas trop tard pour le faire maintenant. Il suffit de cliquer sur le bouton **Nouveau dossier** de la boîte de dialogue pour afficher une nouvelle fenêtre qui vous permet de créer votre nouveau dossier pendant le processus de mise en place des règles.

7 Donnez un nom à votre règle dans la quatrième section de la boîte de dialogue et cliquez une nouvelle fois sur le bouton OK.

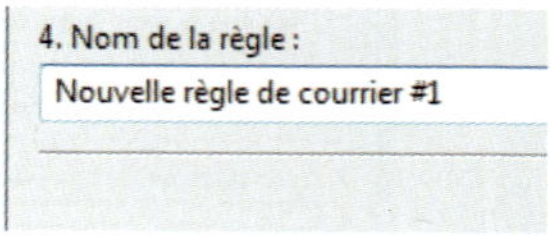

À présent, dès que vous recevrez un message dont l'adresse de l'expéditeur correspond à l'une de celles qui sont indiquées dans votre règle, celui-ci sera automatiquement classé dans le dossier correspondant.

Bien entendu, il existe encore d'autres actions à déclencher (supprimer, faire suivre à un autre destinataire, etc.) ou de critères à définir (mots-clés dans le message, termes spécifiques dans le sujet, etc.). Découvrez-les toutes au moment de les sélectionner dans la boîte de dialogue prévue à cet effet dans Windows Mail.

Règle de classement

L'ordre des règles a une grande importance dans Windows Mail. Elles sont traitées de haut en bas. Dès lors, l'analyse et l'exécution des règles s'arrêtent dès que le programme trouve une condition correspondant au message reçu (expéditeur identique ou mot correspondant, par exemple). C'est pourquoi vous devez attacher un soin particulier à l'ordre d'insertion de vos règles. Si ça devient nécessaire, utilisez les boutons **Monter** et **Descendre** pour modifier le classement initial et, du même coup, les priorités d'analyse.

Chapitre 5

Sécuriser les connexions

Pour protéger l'intégrité de vos données lorsque vous vous connectez à Internet, Windows Vista intègre un module spécialisé : le Centre de sécurité.

Véritable gestionnaire de la sécurité de votre système, vous disposez avec lui d'une interface unifiée pour inspecter rapidement l'état de la protection de votre machine. De fait, il centralise tous les dispositifs conçus pour vous protéger des différentes attaques existantes sur Internet et il vous alerte dès que l'un de ces composants s'avère défaillant : besoin d'une mise à jour, désactivation d'une fonction, dysfonctionnement, etc.

Le Centre de sécurité

Concrètement, le Centre de sécurité vous offre un accès direct à plusieurs fonctions de protection de votre ordinateur : le pare-feu, l'antivirus, le module de mise à jour automatique du système, etc.

Pour accéder au Centre de sécurité, plusieurs solutions sont possibles. Comme vous l'avez déjà probablement remarqué, vous disposez d'une icône de bouclier dans la barre des tâches de Windows, à droite. Elle permet d'accéder à l'icône du Centre de sécurité et il suffit de cliquer dessus pour afficher son interface principale.

Affichage des alertes

L'icône du Centre de sécurité disponible dans la barre des tâches de Windows permet également d'afficher des alertes sous forme d'info-bulle pour vous avertir, par exemple, d'une mise à jour à effectuer lorsque l'interface principale du Centre de sécurité n'est pas visible à l'écran. De plus, en cas de problème persistant, cette icône prend une couleur rouge.

Autre méthode :

1 Ouvrez le panneau de Configuration à partir du menu **Démarrer** de la barre des tâches de Windows.

2 Dans la fenêtre qui s'affiche, cliquez sur l'icône du Centre de sécurité. Notez qu'il est inutile de basculer dans l'affichage classique du panneau de Configuration pour y accéder.

Centre de sécurité

3 Le Centre de sécurité apparaît immédiatement.

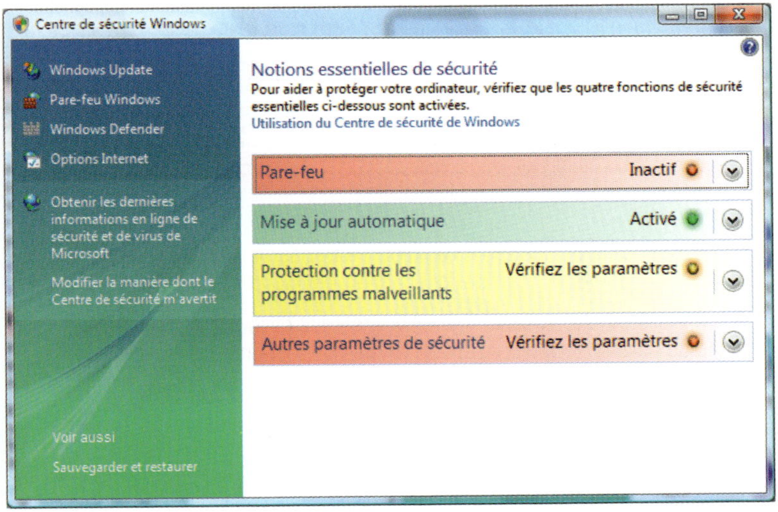

Les fonctions *proposées*

L'interface du Centre de sécurité est composée de plusieurs parties qu'il convient de présenter plus en détail avant de pouvoir en exploiter toutes les fonctionnalités.

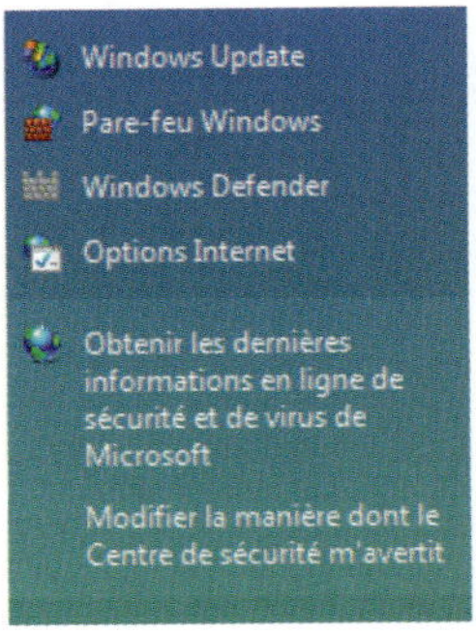

1 Le menu qui apparaît à gauche de la fenêtre regroupe plusieurs liens permettant d'afficher différentes informations ou aides, et d'exécuter certaines commandes.

2 Dans la partie supérieure de la fenêtre du Centre de sécurité, vous disposez d'un lien supplémentaire

permettant d'afficher une aide spécifique sur l'utilisation du Centre de sécurité.

3 Juste en dessous, la section consacrée au pare-feu permet d'en savoir plus sur son état de fonctionnement.

Pour obtenir des détails à ce sujet, cliquez sur la flèche située à droite de la mention de son état de fonctionnement (*Inactif* ou *Activé* selon votre situation).

Vous disposez d'un lien permettant d'obtenir des informations sur l'utilisation d'un pare-feu pour protéger votre ordinateur : *Comment un pare-feu m'aide-t-il à protéger mon ordinateur ?* Cliquez dessus pour ouvrir une nouvelle fenêtre du Centre d'aide et de support de Windows Vista consacrée à l'utilisation du pare-feu. Notez qu'il est inutile d'être connecté à Internet pour accéder à cette fonctionnalité.

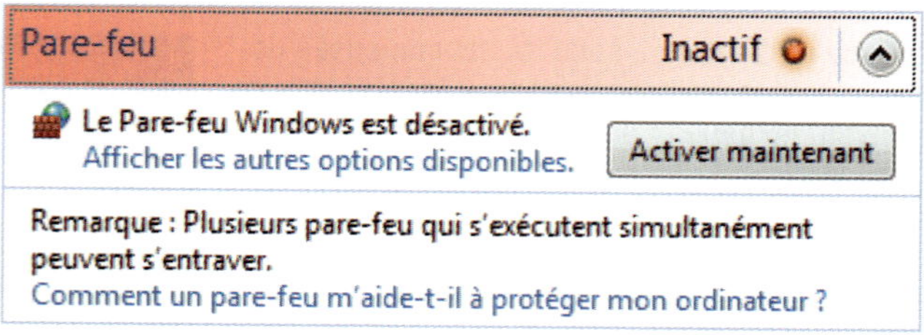

Activation

Si aucun pare-feu n'est détecté, le bouton **Activer maintenant** est disponible. Cliquez dessus pour remédier à cette situation.

4 Juste en dessous de la section consacrée au pare-feu, vous disposez d'une nouvelle section dédiée cette fois-ci au module de mise à jour automatique. Elle permet, comme la précédente, d'en savoir plus à propos de l'état de fonctionnement de ce composant. Pour obtenir des informations supplémentaires à ce sujet, cliquez sur la flèche située à droite de la mention de l'état de fonctionnement du module (*Inactif* ou *Activé* selon votre situation).

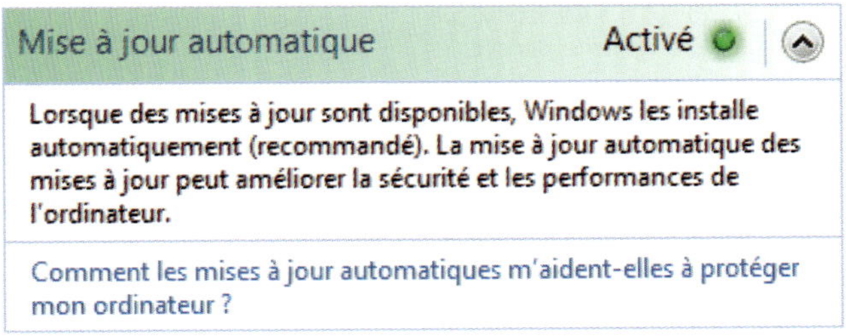

Vous disposez d'un lien permettant d'obtenir des informations sur la façon dont votre ordinateur se protège en téléchargeant et en installant automatiquement des mises à jour sur le site Windows Update : *Comment les mises à jour automatiques m'aident-elles à protéger mon ordinateur ?* Cliquez dessus pour ouvrir une nouvelle fenêtre du Centre d'aide et de support de Windows Vista consacrée aux mises à jour automatiques. Notez qu'il est inutile d'être connecté à Internet pour accéder à cette fonctionnalité.

Activation

Si vous avez désactivé les mises à jour automatiques dans les propriétés du système, vous avez la possibilité de les activer ici d'un simple clic de souris. Il suffit effectivement de sélectionner le bouton **Activer maintenant**.

5 Juste en dessous de la section consacrée aux mises à jour automatiques, vous disposez d'une nouvelle section dédiée cette fois-ci aux virus et autres programmes malveillants. Elle permet, comme la précédente, d'en savoir plus à propos de l'état de fonctionnement de votre logiciel antivirus et de Windows Defender, le module intégré de Windows Vista qui permet d'empêcher l'exécution de certains programmes hostiles. Pour obtenir des détails à ce sujet, cliquez sur la flèche située à droite de l'intitulé de cette section.

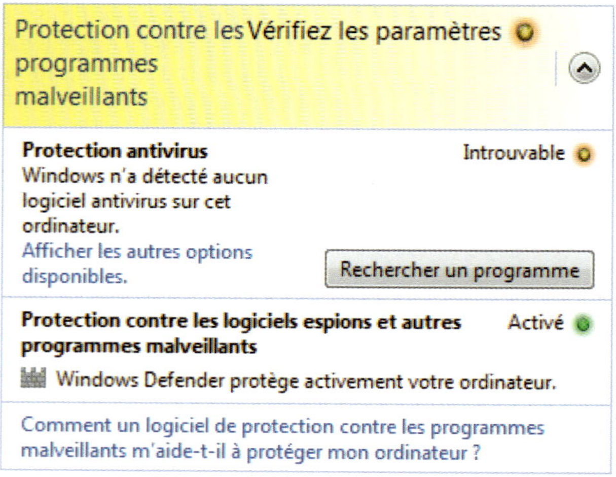

Vous disposez d'un lien permettant d'obtenir des informations sur l'utilisation d'un programme de protection de votre système : *Comment un logiciel de protection contre les programmes malveillants m'aide-t-il à protéger mon ordinateur ?* Cliquez dessus pour ouvrir une nouvelle fenêtre du Centre d'aide et de support de Windows Vista. Notez qu'il est inutile d'être connecté à Internet pour accéder à cette fonctionnalité.

Activation

Si aucun logiciel antivirus n'est détecté, le bouton **Rechercher un programme** est disponible. Cliquez dessus pour remédier à cette situation.

6 Vous disposez ensuite d'une dernière section intitulée *Autres paramètres de sécurité* qui permet d'activer certaines protections : les paramètres de sécurité Internet et le contrôle du compte utilisateur. Si elles ne sont pas opérationnelles, cliquez sans plus attendre sur le bouton **Activer maintenant**.

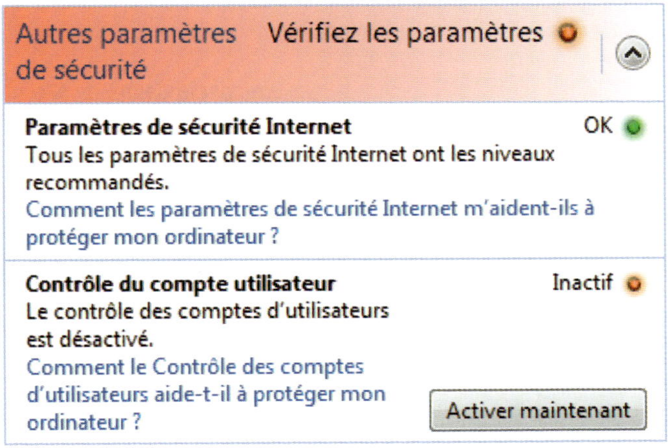

Configurez les alertes de sécurité

Avant de paramétrer la protection de votre ordinateur, il convient de bien comprendre le fonctionnement des alertes du Centre de sécurité. Ces dernières reposent sur trois couleurs, à l'instar des feux tricolores que vous connaissez déjà dans nos villes. Un feu rouge ? Il y a un problème ou le système de surveillance du module concerné a été désactivé. Le feu est vert ? Tout va bien. Parfois, vous recevrez une alerte de couleur jaune, ce qui signifiera que vous devrez gérer manuellement son traitement et que le Centre de sécurité ne peut prendre en charge la fonction correspondante. Dans ce cas, la mention *Non surveillée* ou *Vérifiez les paramètres* apparaît dans la section concernée.

Pour en revenir à la configuration proprement dite du Centre de sécurité, sachez que si les paramètres par défaut et le fonctionnement du Centre de sécurité ne vous conviennent pas, rien ne vous interdit de le paramétrer plus finement pour qu'il puisse mieux répondre à vos besoins.

Par exemple, le Centre de sécurité vous permet de désactiver les alertes qu'il vous envoie dans certaines situations : antivirus non exécuté ou dont les signatures n'ont pas été mises à jour depuis longtemps, pare-feu désactivé ou mises à jour automatiques non opérationnelles.

1. Démarrez le Centre de sécurité.

2. Cliquez sur le lien *Modifier la manière dont le Centre de sécurité m'avertit* pour afficher les paramètres de configuration du Centre de sécurité.

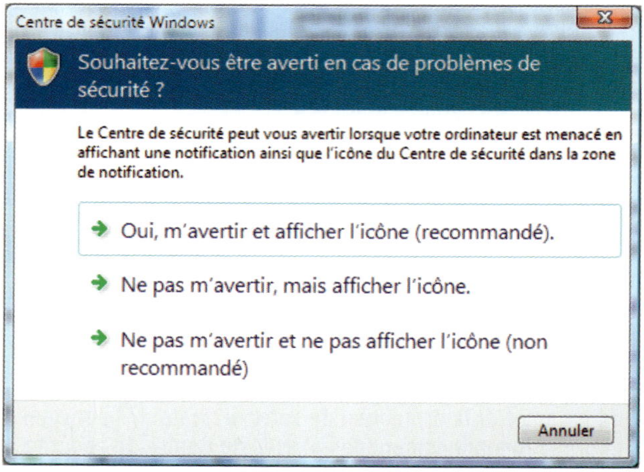

3. Dans la boîte de dialogue qui s'affiche, cliquez sur une des trois options disponibles :

- *Oui, m'avertir et afficher l'icône* : le dispositif d'alerte est opérationnel.
- *Ne pas m'avertir, mais afficher l'icône* : désactiver les alertes, mais conserver l'icône du Centre de sécurité dans la barre des tâches de Windows Vista.
- *Ne pas m'avertir et ne pas afficher l'icône* : désactiver les alertes et masquer l'icône du Centre de sécurité dans la barre des tâches de Windows Vista.

Protéger le système

Pour protéger correctement votre système lorsque vous vous connectez à Internet, vous devez paramétrer avec attention le Centre de sécurité. Voici les principaux points à ne pas négliger.

L'antivirus

La plupart des antivirus sont supportés par le Centre de sécurité de Windows Vista. Toutefois, si ce n'est pas le cas, vous pouvez le signaler dans les paramètres de configuration de module.

1 Démarrez le Centre de sécurité.

2 Cliquez sur la flèche à droite de la mention *Vérifiez les paramètres* de la section dédiée à la surveillance de votre antivirus.

3 Cliquez sur le lien *Afficher les autres options disponibles* pour indiquer à Windows Vista que vous disposez déjà d'un tel outil, mais que vous prenez en charge vous-même sa mise en jour.

4 Dans la boîte de dialogue qui s'affiche, cliquez sur l'option *Je dispose d'un programme antivirus que je contrôlerai moi-même.* De cette façon, plus aucune alerte ne s'affichera.

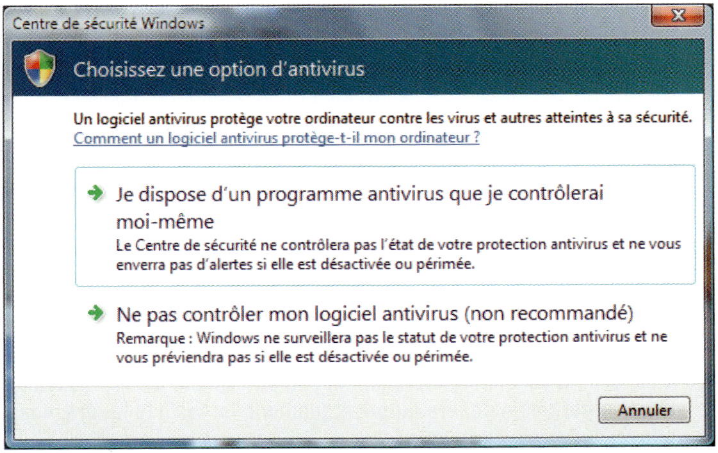

Dans la plupart des cas, votre antivirus aura été détecté par le Centre de sécurité et vous serez automatiquement prévenu par info-bulle (ou dans le Centre de sécurité) lorsque les bases de signatures de virus seront périmées. Le cas échéant, il conviendra de télécharger vos mises à jour.

1 Affichez l'interface principale de votre logiciel antivirus.

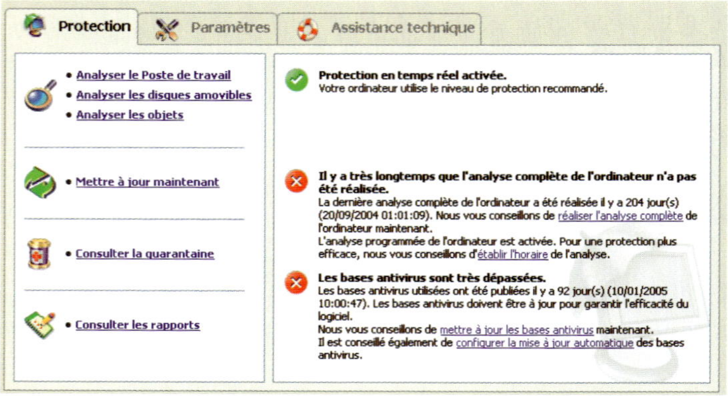

2 Sélectionnez la commande de mise à jour de la base antivirus après avoir établi votre connexion à Internet.

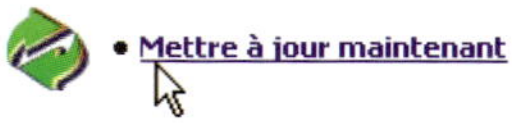

3 La mise à jour s'effectue alors immédiatement. Votre logiciel antivirus télécharge la nouvelle base antivirus, et une fenêtre de progression doit normalement vous tenir informé de la progression du transfert.

4 Au terme de cette opération, votre logiciel antivirus vous informera que la base a été correctement mise à jour. Votre ordinateur est désormais correctement protégé.

Notez toutefois que les meilleurs éditeurs d'antivirus n'ont pas attendu l'intégration d'un système d'alerte de mises à jour automatiques dans Windows pour proposer, eux-mêmes, ce type de fonctionnalité. De plus, elle ne se limite généralement pas à la simple alerte, mais elle téléchargera et installera automatiquement, lorsqu'il le faudra, vos nouvelles bases d'antivirus.

Les mises à jour automatiques

Si vous n'activez pas les mises à jour automatiques, vous avez toutes les chances de les oublier. Dès lors, pourquoi ne pas le faire ? Les administrateurs de réseau privé, qui ont défini pour la gestion de leur parc une stratégie de sécurité bien précise, ont effectivement de bonnes raisons de désactiver cette fonction. Mais, pour les particuliers, autrement dit les personnes qui utilisent un ordinateur à la maison dans un cadre non professionnel, qu'elles soient en réseau ou non, il est absolument déconseillé de désactiver les mises à jour automatiques.

Dès lors, si vous ne les avez pas activées dès le départ, il convient de le faire sans plus tarder.

1 Ouvrez le panneau de Configuration à partir du menu **Démarrer** de la barre des tâches de Windows.

2 Cliquez, dans la fenêtre qui s'affiche, sur l'intitulé de section *Sécurité*.

3 Cliquez ensuite sur le lien *Activer ou désactiver la mise à jour automatique* pour afficher une nouvelle fenêtre.

4 Cochez l'option *Installer les mises à jour automatiquement* et définissez la fréquence des téléchargements des mises à jour à partir des listes déroulantes conçues à cet effet.

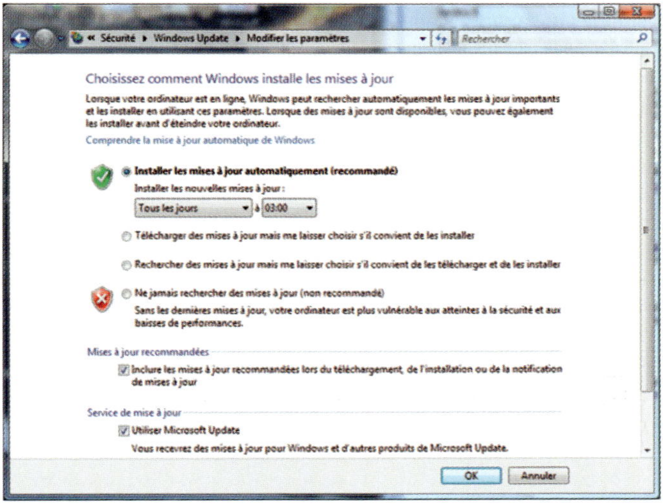

Lorsque vous aurez activé la mise à jour automatique de Windows Vista, vous recevrez régulièrement des messages d'avertissement juste au-dessus de la barre des tâches de Windows, sous la forme d'info-bulle. Le système vous indiquera effectivement que des mises à jour ont été ou doivent être téléchargées. Selon les options que vous aurez cochées, ou elles seront automatiquement installées ou ce sera à vous d'effectuer cette opération.

Le pare-feu

À la différence du système de surveillance de l'antivirus, celui du pare-feu a la particularité de fonctionner avec un outil intégré directement dans le système d'exploitation : le pare-feu Windows Vista.

Quelle est l'utilité d'un pare-feu ? Il ferme toutes les portes d'entrée de votre ordinateur lorsque vous vous connectez à Internet. De cette façon, aucun utilisateur mal intentionné ne peut pénétrer sur votre système pour, à votre insu, en prendre le contrôle ou en exploiter les ressources.

De plus, le pare-feu bloque les communications sortantes, ce qui signifie qu'aucun programme n'a l'autorisation, par défaut, d'envoyer des données sur Internet sans votre permission. Ce qui vous protège dès lors des chevaux de Troie, c'est-à-dire d'un type de logiciel spécialisé capable d'ouvrir une porte d'entrée sur votre système sans que vous vous en aperceviez.

Concrètement, si vous disposez d'une connexion permanente haut débit (câble ou ADSL entre autres), vous ne pouvez pas vous passer d'un pare-feu. A contrario, si vous vous connectez par intermittence avec un modem classique, vous pouvez alors en faire l'économie, mais son installation représente toutefois une sécurité supplémentaire et complémentaire à celle que vous apportent les antivirus. Vous pourriez fort bien installer par inadvertance un cheval de Troie reçu par e-mail sous la forme d'un message piégé et qui enverrait certaines de vos informations personnelles sur Internet dès que vous aurez établi une connexion.

Du spam malgré vous

Il n'est pas rare qu'un poste connecté à Internet à travers une liaison haut débit traditionnelle (câble, ADSL...) et sans la protection d'un pare-feu serve de relais pour le spam. En effet, il existe de nombreux outils spécifiques pour repérer sur Internet les machines qui ne bénéficient d'aucune protection. Lorsqu'elles sont détectées, certains utilisateurs mal inspirés en exploitent les ressources pour envoyer des messages publicitaires en très grand nombre sans que, bien entendu, leurs propriétaires s'en aperçoivent. Attention, ces derniers, spammeurs involontaires, peuvent se voir couper leur connexion internet par leur fournisseur d'accès sans aucun préavis.

Lorsqu'un programme tente de se connecter à Internet, le pare-feu de Windows Vista vous demande, sous la forme d'une boîte de dialogue, l'autorisation d'établir cette communication. Bien entendu, certains programmes, tel le navigateur Internet Explorer, sont autorisés par défaut à exploiter des ressources en ligne et il ne vous sera jamais demandé de permission pour l'autoriser à se connecter sur les sites web que vous visitez. Heureusement !

Pour gérer la surveillance de votre pare-feu avec le Centre de sécurité de Windows Vista, suivez le guide.

1 Ouvrez le panneau de Configuration à partir du menu **Démarrer** de la barre des tâches de Windows.

2 Cliquez, dans la fenêtre qui s'affiche, sur l'intitulé de section *Sécurité*.

3 Cliquez sur l'icône du pare-feu, puis, dans la fenêtre qui apparaît, sur le lien *Modifier les paramètres*.

4 Dans la boîte de dialogue qui s'affiche, sous l'onglet **Général**, vous avez la possibilité d'activer ou de désactiver le pare-feu avec les deux options respectivement proposées : *Activé (recommandé)* et *Désactivé (non recommandé)*.

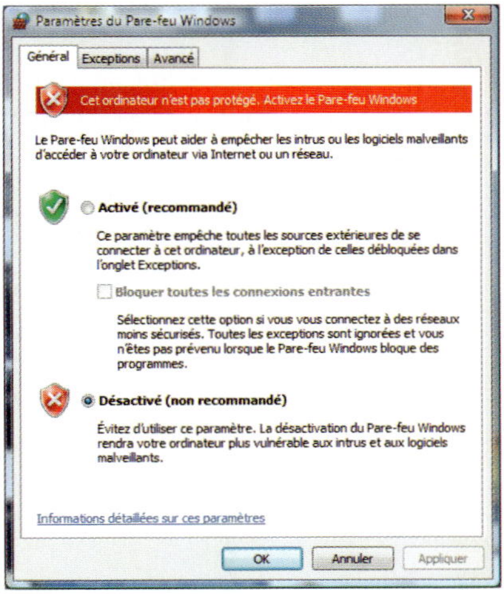

5 Notez que vous avez la possibilité de permettre ou non des connexions sur votre ordinateur en cochant, ou en désélectionnant, l'option *Bloquer toutes les connexions entrantes*.

Il peut s'avérer utile de cocher cette option dans certaines situations bien précises. Par exemple, si vous vous connectez par wifi à Internet, via une borne publique dans une gare ou un hôtel par exemple, il vaut mieux ne pas autoriser certains services que vous exécutez habituellement sur votre ordinateur : un serveur FTP, par exemple.

6 Pour ajouter ou supprimer des exceptions, cliquez sur l'onglet du même nom.

Exceptions

Les exceptions désignent des applications autorisées à communiquer sur Internet ou à se connecter sur votre ordinateur sans que le pare-feu de Windows Vista tente de les bloquer.

Comme vous pouvez le constater, la plupart des programmes communiquant ont été détectés automatiquement par Windows Vista et ils apparaissent tous dans une liste intitulée *Programme ou port*. Dès lors, il suffit de sélectionner les services que vous souhaitez autoriser, ou de désélectionner ceux qui ne devront plus communiquer sur Internet sans vous prévenir.

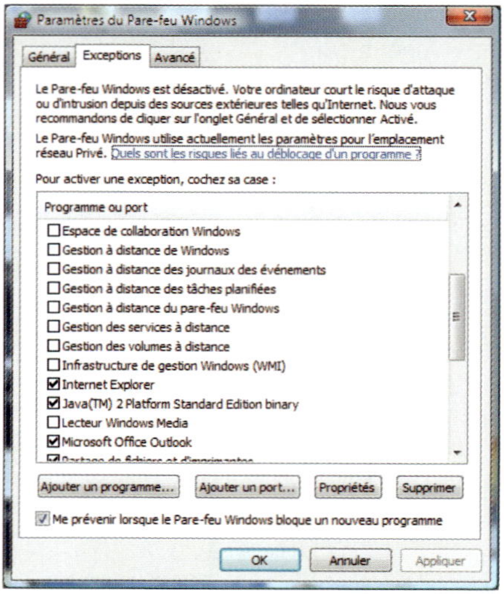

Ajout d'exceptions

En général, le système détecte automatiquement la majorité des programmes que vous autorisez à transmettre des informations en ligne (le navigateur Internet Explorer, le logiciel de courrier électronique Outlook Express, etc.). Si ce n'est pas le cas, vous pouvez ajouter des programmes avec le bouton **Ajouter un programme**.

7 Pour être prévenu par un message d'alerte chaque fois que le pare-feu de Windows Vista bloque un programme tentant de communiquer sur Internet, ou qu'une personne essaye de se connecter sur votre ordinateur, cochez l'option *Me prévenir lorsque le Pare-feu de Windows bloque un nouveau programme*.

8 Pour en savoir plus sur les exceptions, cliquez sur le lien *Quels sont les risques liés au déblocage d'un programme ?* proposé dans la partie supérieure de la boîte de dialogue.

9 La fenêtre du Centre d'aide et de support de Windows Vista s'affiche immédiatement. Consultez les différentes rubriques dédiées à ce sujet pour en savoir plus sur la question.

10 Passez à présent aux options avancées du pare-feu. Cliquez sur l'onglet **Avancé**.

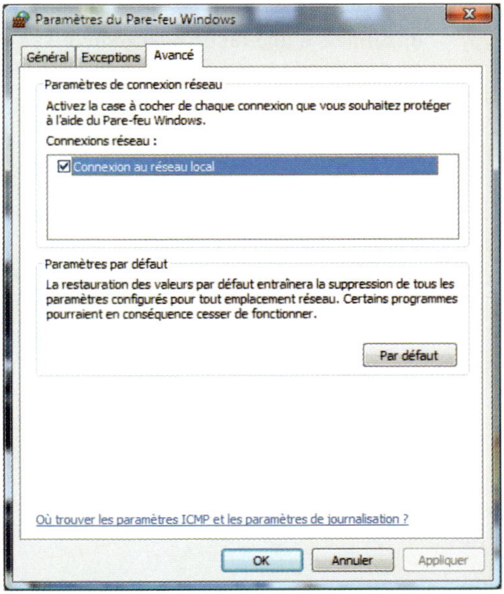

11 Pour protéger avec le pare-feu de Windows Vista une connexion réseau spécifique, sélectionnez-la sous la section *Paramètres de connexion réseau.*

12 Pour rétablir toutes les options proposées par défaut pour le pare-feu de Windows Vista, cliquez sur le bouton **Par défaut** disponible dans la section *Paramètres par défaut.*

Internet en toute sécurité

Si Windows Vista attache une importance toute particulière à la sécurité des données enregistrées sur votre ordinateur, il semble naturel que les connexions Internet fassent également partie de la stratégie de sécurisation du système.

Dans ces conditions, de nombreux outils Internet ont été revus et corrigés par Microsoft : le navigateur Internet Explorer, le logiciel de courrier électronique Windows Mail, le programme de messagerie instantanée Live Messenger, l'Assistant de connexion des réseaux sans fil, le site des mises à jour Windows, etc.

Bref, d'un côté, l'exploitation des ressources Internet s'effectue désormais d'une façon mieux sécurisée, et, de l'autre, vous disposez de nouvelles fonctionnalités pour profiter de ces mêmes ressources en toute simplicité.

Certaines de ces fonctions vous seront d'ailleurs totalement invisibles. De fait, le protocole IPv6 (pour Internet Protocol version 6) est intégré dans Windows Vista et il permet de supporter un nouveau système d'adressage sur Internet. L'ancien, IPv4, repose sur un système 32 bits (les adresses étaient composées de quatre séries numériques de 0 à 255). Le nouveau système repose, lui, sur 128 bits, ce qui permet d'obtenir un dispositif d'adressage bien plus large.

Quoi qu'il en soit, la plupart des autres modifications relatives à votre connexion Internet et intégrées dans Internet Explorer restent visibles. Elles apportent, comme vous allez le voir, de nombreuses fonctionnalités qui méritent le détour.

Surfez en mode protégé

Depuis l'ouverture d'Internet au grand public au début des années 1990, la publicité a fait petit à petit son apparition pour, avec le temps, devenir omniprésente ou presque. Ainsi, en se connectant avec n'importe quel navigateur sur un site, il n'était pas rare de voir surgir une ou plusieurs fenêtres de petite taille contenant des messages publicitaires aussi divers que variés.

Ces fenêtres, appelées plus communément fenêtres pop-up, avaient pris une place tellement importante sur le Web, en termes de présence, que cela en était devenu irritant, à tel point que certains utilisateurs lassés préféraient abandonner leur navigation sur Internet.

Les parades n'ont pas tardé à apparaître, et de nombreux éditeurs indépendants ont proposé, en téléchargement souvent gratuit, des petits logiciels capables de fonctionner en parallèle d'Internet Explorer pour bloquer l'affichage de ce type de fenêtres. En général, le résultat était plutôt satisfaisant.

Cela dit, de tels programmes sont désormais inutiles. Internet Explorer intègre maintenant un module équivalent, qui bloque par défaut l'affichage de toutes ces publicités qui gâchent le plaisir de surfer sur le net.

Il est possible d'accéder à ce module intégré de blocage des fenêtres pop-up afin de modifier ses paramètres de configuration, qui se déclinent sur trois niveaux. En effet, vous avez la possibilité d'indiquer les sites pour lesquels vous interdisez l'affichage de ce type de fenêtres publicitaires, ceux où il est autorisé, et enfin ceux où vous ne vous l'autorisez que temporairement (ce qui peut s'avérer utile si la configuration par défaut de ce nouvel outil ne vous convient pas).

1 Démarrez Internet Explorer.

2 Inscrivez l'adresse d'un site qui affiche des publicités dans des fenêtres pop-up et connectez-vous sur ce site.

3 Comme prévu, aucune publicité ne vient s'afficher et une barre d'informations apparaît immédiatement sous la barre d'adresse d'Internet Explorer.

4 Cliquez sur cette barre pour modifier certaines options du module de blocage des pop-up. Un menu s'affiche avec plusieurs commandes proposées :

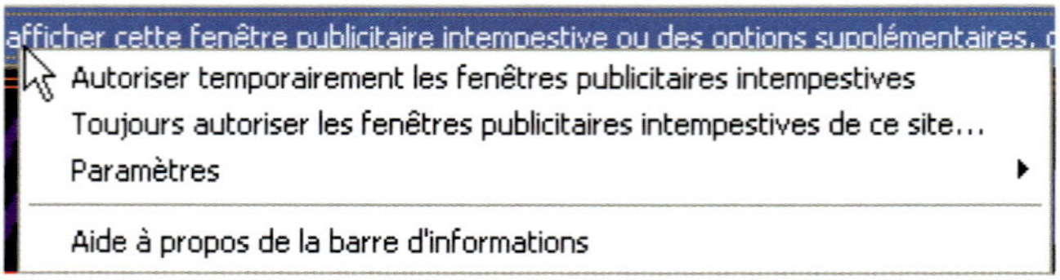

- **Autoriser temporairement les fenêtres publicitaires intempestives** : sélectionnez cette commande pour afficher la fenêtre pop-up qui vient d'être bloquée.
- **Toujours autoriser les fenêtres publicitaires intempestives de ce site** : sélectionnez cette commande pour afficher la fenêtre pop-up qui vient d'être bloquée et toutes les autres que peut proposer ce site. À votre prochaine venue sur ce site, la barre d'informations ne s'affichera pas et les fenêtres pop-up apparaîtront directement.
- **Paramètres** : sélectionnez cette commande pour afficher un menu déroulant avec trois nouvelles commandes. Vous pouvez effectivement désactiver complètement le module qui permet de ne pas afficher les publicités (*Désactiver le bloqueur de fenêtres publicitaires intempestives*) ou au contraire l'activer (*Afficher la barre d'informations des fenêtres publicitaires intempestives*). Notez que la commande **Paramètres supplémentaires** permet d'afficher une boîte de dialogue qui sera présentée plus loin.
- **Aide à propos de la barre d'informations** : affiche une nouvelle fenêtre contenant une aide spécifique à propos du bloqueur de fenêtres publicitaires. Notez qu'il n'est pas nécessaire d'être connecté à Internet pour consulter cette aide.

Si vous souhaitez à présent configurer plus finement cette barre d'information, vous pouvez sélectionner la commande *Paramètres/Paramètres supplémentaires* présentée précédemment. Cela dit, la barre d'information permettant d'accéder à cette commande n'est pas présente en permanence. Voici alors une autre technique pour accéder aux paramètres du bloqueur de fenêtres publicitaires intempestives.

1 Démarrez Internet Explorer.

2 Sélectionnez la commande *Bloqueur de fenêtre publicitaire intempestive/ Paramètres du bloqueur de fenêtres publicitaires intempestives* du menu **Outils**.

3 Dans la boîte de dialogue qui s'affiche, vous pouvez indiquer les adresses des sites dont vous souhaitez autoriser l'affichage des fenêtres pop-up. Il suffit de les inscrire dans la zone de texte intitulée *Adresse du site Web à autoriser* et de cliquer sur le bouton **Ajouter** pour intégrer le site dans la liste conçue à cet effet.

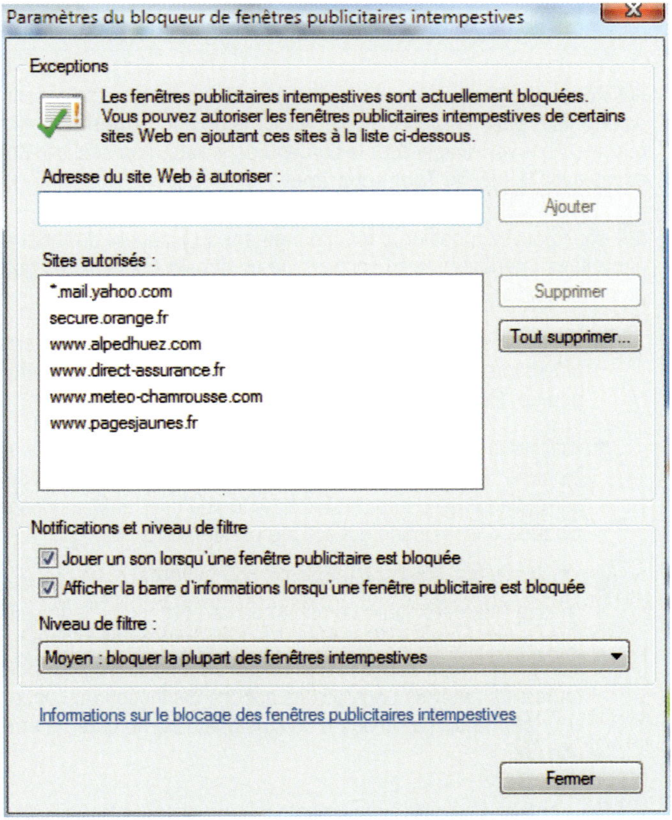

Les autorisations nécessaires

Parfois, les sites affichent dans des fenêtres pop-up des informations importantes qui n'ont rien à voir avec de la publicité. Et Internet Explorer peut rencontrer certaines difficultés à les identifier. Il pourra bloquer, dans certains cas, l'affichage d'informations importantes ou, encore, empêcher l'exécution de certaines fonctionnalités (par exemple, une application Java qui s'exécuterait dans une fenêtre indépendante). C'est pourquoi il conviendra d'indiquer manuellement les sites qui contiennent de telles fenêtres pour ne pas se priver de leurs informations ou de leurs fonctionnalités.

4 Pour supprimer un site de la liste des sites autorisés, sélectionnez-le dans la liste *Sites autorisés* et cliquez sur le bouton **Supprimer**. Notez que vous pouvez effacer tout le contenu de la liste d'un seul clic de souris avec le bouton **Tout supprimer**.

5 Vous pouvez modifier le fonctionnement du bloqueur de fenêtre publicitaire intempestive en cochant, ou en désélectionnant, les options proposées sous la section *Notifications et niveau de filtre* :

- *Jouer un son lorsqu'une fenêtre publicitaire est bloquée* : émet un bip sonore dès que le module bloque l'affichage d'une fenêtre pop-up. Option active par défaut.
- *Afficher la barre d'informations lorsqu'une fenêtre publicitaire est bloquée* : insertion automatique de la barre d'informations sous la barre d'adresse d'Internet Explorer lorsqu'une fenêtre pop-up est bloquée. Cette option est activée par défaut.
- *Niveau de filtre* : sélectionnez une des trois options proposées dans la liste déroulante correspondante pour régler l'agressivité du filtre des fenêtres publicitaires. Par défaut, le niveau *Moyen* est activé mais vous pouvez sélectionner l'option *Élevé* pour bloquer toutes les fenêtres pop-up sans aucune distinction ou l'option *Bas* pour permettre l'affichage d'un plus grand nombre de fenêtres pop-up.

6 Pour obtenir une aide supplémentaire à propos du bloqueur de fenêtre publicitaire intempestive, cliquez sur le lien *Informations sur le blocage des fenêtres publicitaires intempestives*.

7 Une nouvelle fenêtre s'affichera et vous pourrez ainsi consulter l'aide de Windows Vista à propos de son module conçu pour limiter l'affichage des fenêtres publicitaires.

Après avoir modifié les paramètres de configuration du bloqueur de fenêtre publicitaire intempestive, cliquez sur le bouton **Fermer** pour revenir dans la fenêtre principale d'Internet Explorer. Désormais, le fonctionnement de la barre d'informations et le blocage des fenêtres pop-up correspondront aux paramètres que vous aurez précédemment définis.

Surfez *en mode InPrivate*

Le mode InPrivate d'Internet Explorer permet de ne plus stocker les données relatives à votre session de navigation. Ainsi, les cookies, les fichiers Internet temporaires, l'historique et plusieurs autres données ne sont plus sauvegardés sur votre machine.

Notez également que le blocage InPrivate permet d'empêcher que les sites web sur lesquels vous vous connectez ne partagent automatiquement avec d'autres sites des informations détaillées sur votre visite. Dès lors, si vous souhaitez protéger la confidentialité de vos données personnelles, vous pouvez activer la navigation InPrivate.

1 Démarrez Internet Explorer.

2 Sélectionnez la commande **Navigation InPrivate** du menu **Outils**.

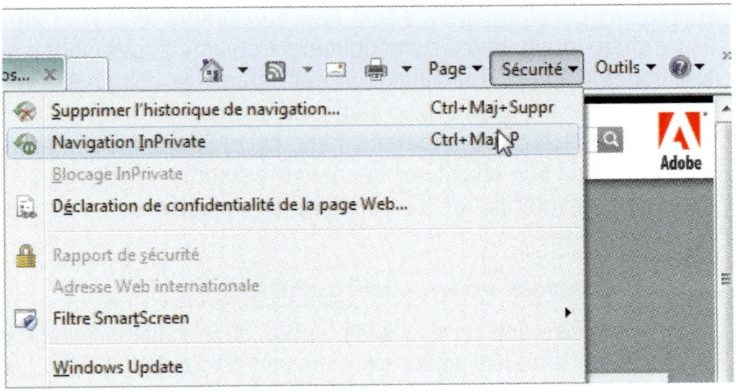

3 Une nouvelle fenêtre du navigateur s'affiche. Vous pouvez désormais l'utiliser pour naviguer en mode InPrivate sur Internet. Pour désactiver le mode InPrivate, il suffira de refermer cette fenêtre.

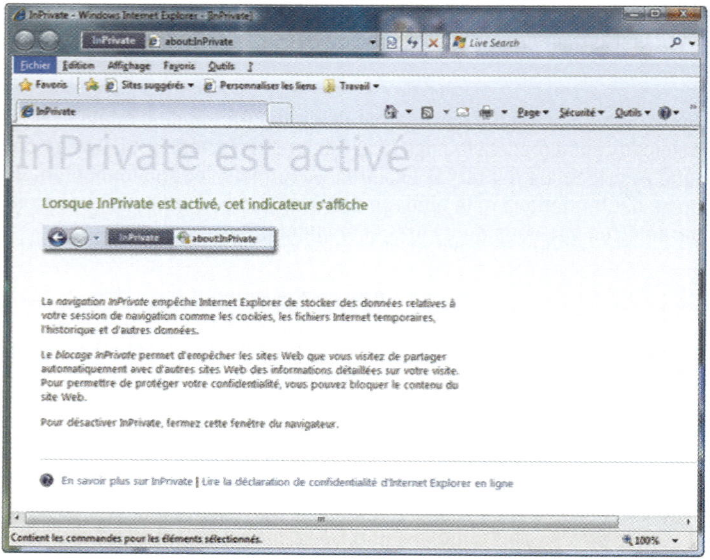

Sécuriser *Internet Explorer*

Ce n'est plus un secret, la sécurité de Windows Vista, et d'Internet Explorer notamment, a considérablement été améliorée.

De fait, les téléchargements sont devenus beaucoup plus contrôlés et ils ne s'effectuent plus automatiquement comme auparavant avec les anciennes versions du navigateur. Par défaut, les composants logiciels intégrés dans les pages web (applet Java, contrôle ActiveX, etc.) ne sont plus transférés automatiquement. Le navigateur, via la barre d'informations que vous avez découvert précédemment, vous demandera l'autorisation de transférer et d'afficher un tel contenu.

Préservez votre configuration

Il n'est pas rare que certains sites tentent de modifier la configuration d'origine de votre navigateur sans vous en demander l'autorisation (par exemple, en inscrivant leur adresse dans la page de démarrage). Désormais, cela n'est plus possible.

Dans le même esprit, lorsque vous cliquez dorénavant sur un lien qui propose un fichier en téléchargement, vous obtenez une nouvelle boîte de dialogue.

1 Démarrez Internet Explorer.

2 Inscrivez l'adresse d'un site qui propose des fichiers à télécharger et connectez-vous sur ce site.

3 Cliquez sur un lien conçu pour télécharger immédiatement un fichier.

4 Immédiatement, une boîte de dialogue s'affiche et vous propose de nombreuses informations fort utiles pour en savoir plus sur la nature du fichier que vous allez transférer.

- *Nom* : le nom exact du fichier à télécharger
- *Type* : le type du fichier (une archive compressée, une application, etc.) suivi de sa taille.
- *Source* : l'adresse du site où est stocké le fichier à transférer.

5 Vous disposez également de trois boutons pour exécuter trois actions bien différentes :

- **Exécuter** : démarre directement l'application correspondant au fichier qui sera téléchargé.
- **Enregistrer** : télécharger le fichier et l'enregistrer sur votre disque. À la différence du bouton précédent, vous devrez exécuter vous-même le fichier transféré, au moment de votre choix.
- **Annuler** : abandonner l'action en cours, ne pas transférer le fichier que vous aviez sélectionné.

Comme cela a été signalé plus haut, Internet Explorer ne télécharge plus automatiquement les programmes intégrés dans les pages web qu'il affiche. Cela dit, vous pouvez fort bien faire une erreur et les transférer, puis les installer pour, ensuite, le regretter amèrement. Heureusement, Microsoft a tout prévu. La parade s'appelle le Gestionnaire des modules complémentaires. Ce module permet de contrôler tous les programmes prévus pour fonctionner avec Internet Explorer. Il affiche une liste de tous ses composants complémentaires avec une description sur leur provenance, entre autres, et propose des commandes spécifiques pour désactiver leur exécution si cela s'avère nécessaire.

1 Démarrez Internet Explorer.

2 Sélectionnez la commande *Gérer les modules complémentaires/ Activer ou désactiver les modules complémentaires* du menu **Outils**.

3 La boîte de dialogue **Gérer les modules complémentaires** s'affiche immédiatement.

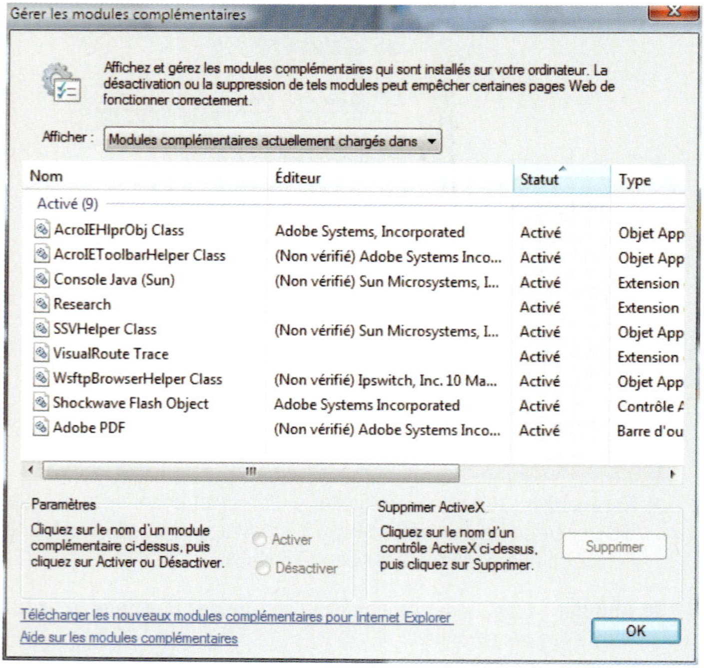

4 Sélectionnez une des deux options proposées dans la liste déroulante *Afficher* :

- *Modules complémentaires actuellement chargés dans Internet Explorer* : afficher les programmes installés dans Internet Explorer.
- *Modules complémentaires qui ont été utilisés par Internet Explorer* : afficher les programmes installés dans Internet Explorer et qui ont déjà été exécutés.

5 Vous disposez ensuite d'une liste des programmes complémentaires d'Internet Explorer qui affichera un certain nombre de modules en fonction de l'option précédemment sélectionnée. Notez que cette liste propose plusieurs informations pour en savoir plus sur ces modules.

- *Nom* : nom de l'application
- *Éditeur* : nom de l'éditeur à l'origine de l'application. Si celui-ci n'est pas spécifié, il convient de se méfier même si cela ne signifie pas obligatoirement que le composant en question soit hostile pour votre environnement de travail.
- *Statut* : opérationnelle (activé) ou non (désactivé)
- *Type* : nature du programme (un contrôle ActiveX ou une applet Java, par exemple)
- *Fichier* : le nom exact du fichier correspondant à l'application

6 Sélectionnez un des modules affichés dans la liste.

7 Sous la section *Paramètres*, vous disposez de deux options :

- *Activer* : rendre opérationnel un programme
- *Désactiver* : empêcher l'exécution d'un programme

8 Certains modules peuvent être supprimés. Il suffit de les sélectionner dans la liste et de cliquer sur le bouton **Supprimer** disponible dans la section intitulée *Supprimer ActiveX*.

Acheter en toute sécurité

Pour terminer ce chapitre consacré à la sécurité, nous avons souhaité rassurer certains utilisateurs d'Internet qui hésitent encore à utiliser leur carte bancaire pour régler des achats en ligne. En effet, il existe des moyens d'acheter en toute quiétude, sans aucun danger de se faire pirater sa carte bancaire et avec l'assurance de recevoir votre commande dans les temps, sans aucune mauvaise surprise.

Repérez les services fiables

Le commerce électronique n'est rien de plus que de la vente à distance et, à ce titre, elle doit respecter un cadre juridique bien défini. Pour vous en assurer, connectez-vous sur www.finances.gouv.fr/cybercommerce, un site mis en place par le Ministère de l'Économie, des Finances et de l'Industrie pour répondre à toutes vos questions dans ce domaine.

Concrètement, lorsque vous naviguez sur le site des commerçants, vous devez vous assurer de la présence de certaines choses, en particulier de la page intitulée "Les conditions générales de vente". Elle détermine vos moyens de recours, lorsque la transaction ne se déroule pas comme prévu, et les obligations du marchand vis-à-vis de ses clients. Sa présence est obligatoire. Si elle fait défaut, il n'y a pas à hésiter : changez de crémerie et effectuez vos achats ailleurs !

Le paiement sécurisé

Lorsque vous envoyez une information sur Internet, elle peut être interceptée par un pirate. Certes, le risque n'est pas très élevé, mais il existe. Dès lors, le numéro de votre carte bancaire ne doit pas être dévoilé et il convient d'utiliser uniquement des sites sécurisés pour le transmettre.

En fait, les paiements en ligne avec une carte bancaire doivent obligatoirement se faire à travers un formulaire sécurisé qui transmettra ensuite toutes vos coordonnées à un serveur bancaire dans un mode crypté, c'est-à-dire non lisible si les données sont interceptées par un tiers.

Concrètement, cette procédure repose sur un protocole sécurisé (SSL pour Secure Socket Layer) et s'effectue de façon transparente. Pour savoir si le formulaire d'inscription de vos données bancaires est sécurisé, il suffit de regarder le début de l'adresse de la page. Si elle commence par `https//` et non par `http//` comme d'habitude, alors il n'y a pas de problème. En cas de doute, sélectionnez la commande **Propriétés** du menu **Fichier** pour vérifier si la page utilise bien un protocole sécurisé lors de la transmission de vos données. Si ce n'est pas le cas, passez votre chemin !

Les raccourcis clavier

Pour naviguer plus efficacement sur le Web avec Internet Explorer ou pour accéder plus rapidement à ses fonctions, vous disposez de plusieurs raccourcis clavier. Les voici :

Raccourcis clavier	
Touches	**Explications**
F1	Affiche l'aide ou, dans une boîte de dialogue, affiche l'aide contextuelle relative à un élément.
F11	Bascule entre les modes plein écran et normal de la fenêtre du navigateur.
↹	Se déplace en avant entre les éléments d'une page web, la barre d'adresses et la barre des liens.
Maj+↹	Se déplace en arrière entre les éléments d'une page web, la barre d'adresses et la barre des liens.
Alt+↖	Affiche la page de démarrage.
Alt+→	Affiche la page suivante.
Alt+← ou ⇤	Affiche la page précédente.
Maj+F10	Affiche le menu contextuel d'un lien.
Ctrl+↹ ou F6	Se déplace en avant dans les cadres.
Maj+Ctrl+↹	Se déplace en arrière parmi les cadres.
↑	Fait défiler la page jusqu'au début.
↓	Fait défiler la page jusqu'à la fin.
⇞	Fait défiler la page jusqu'au début par intervalles plus importants.
⇟	Fait défiler la page jusqu'à la fin par intervalles plus importants.
↖	Affiche le début d'un document.
Fin	Affiche la fin d'un document.
Ctrl+F	Recherche sur la page.
F5 ou Ctrl+R	Mise à jour de la page.
Échap	Abandonne le transfert d'une page.
Ctrl+O ou Ctrl+L	Va à un nouvel emplacement.
Ctrl+N	Ouvre une nouvelle fenêtre.
Ctrl+W	Referme la fenêtre.
Ctrl+S	Enregistre la page.

Touches	Explications
Ctrl+P	Imprime la page ou le cadre actif.
↵	Active un lien sélectionné.
Ctrl+E	Ouvre le volet de recherche.
Ctrl+I	Ouvre le volet des Favoris.
Ctrl+H	Ouvre le volet de l'Historique.
Alt+P	Définit les options d'impression et imprime la page.
Alt+U	Modifie le papier, les en-têtes, les pieds de page, l'orientation et les marges de cette page.
Alt+↖	Affiche la première page à imprimer.
Alt+←	Affiche la page précédente à imprimer.
Alt+A	Insère le numéro de page à afficher.
Alt+→	Affiche la page suivante à imprimer.
Alt+Fin	Affiche la dernière page à imprimer.
Alt+F	Détermine comment imprimer les cadres. Cette fonction n'est accessible que si vous imprimez une page Web avec des cadres.
Alt+C	Ferme l'aperçu avant impression.
Alt+D	Sélectionne le texte de la barre d'adresse.
F4	Affiche la liste des adresses que vous avez saisies.
Ctrl+←	Dans la barre d'adresse, place le curseur à gauche du séparateur logique suivant (point ou barre oblique).
Ctrl+→	Dans la barre d'adresse, place le curseur à droite du séparateur qui suit (point ou barre oblique).
Ctrl+↵	Ajoute `www.` au début et `.com` à la fin du texte saisi dans la barre d'adresses.
Ctrl+D	Ajoute la page en cours à vos Favoris.
Ctrl+B	Ouvre la boîte de dialogue **Organiser les Favoris**.
Alt+↑	Déplace l'élément sélectionné vers le haut dans la liste des Favoris de la boîte de dialogue **Organiser les Favoris**.
Alt+↓	Déplace l'élément sélectionné vers le bas dans la liste des Favoris de la boîte de dialogue **Organiser les Favoris**.
Ctrl+X	Supprime les éléments sélectionnés et les copie dans le Presse-papiers.
Ctrl+C	Copie les éléments sélectionnés vers le Presse-papiers.
Ctrl+V	Insère le contenu du Presse-papiers à l'emplacement sélectionné.
Ctrl+A	Sélectionne la totalité des éléments sur la page web active.

Les codes d'erreur du Web et quelques solutions (1)

Lorsque vous naviguez sur le Web, vous pouvez vous trouver face à des erreurs de toutes sortes. En général, vous obtenez une page spécifique qui contient un code d'erreur ; et rares sont les utilisateurs qui en connaissent la signification. Dommage, car si c'était le cas, ils pourraient parfois contourner l'erreur et obtenir la page qu'ils souhaitent afficher. Voici les principaux codes d'erreurs que vous pouvez rencontrer, et la parade éventuelle.

Erreur **301**

Le document que vous souhaitez afficher a été déplacé de façon permanente.

Remède

Connectez-vous sur la page d'accueil du site en supprimant de l'adresse sa dernière partie pour ne conserver qu'une URL de type `http://www.adresse.com`. Essayez ensuite de retrouver votre document en visitant les rubriques proposées. Vous pouvez également envoyer un e-mail au webmaster pour lui demander son nouvel emplacement.

Erreur **302**

Le document que vous souhaitez afficher a été déplacé de façon temporaire.

Remède

Vous pouvez tenter votre chance plus tard ou un autre jour. La page que vous recherchez devrait être disponible prochainement sous l'adresse que vous venez d'indiquer.

Erreur **400**

Il y a une erreur de syntaxe dans l'adresse du document.

Remède

Saisissez une nouvelle fois l'adresse de la page en faisant bien attention à sa syntaxe.

Erreur **401**

Vous n'avez pas l'autorisation d'accéder au document que vous souhaitez afficher.

Remède

La page que vous voulez consulter est vraisemblablement protégée par un mot de passe. Dans ces conditions, contactez le service pour l'obtenir.

Erreur **402**

La page que vous voulez consulter est accessible mais vous devez auparavant payer une somme, déterminée par le service, pour le faire.

Remède

Envoyez un message au responsable du site pour vous abonner ou trouvez sur leur page le formulaire de paiement en ligne.

Erreur **403**

Vous n'avez pas l'autorisation de vous connecter sur le serveur. Cela signifie que toutes les pages du site vous sont interdites d'accès.

Remède

Essayez de contacter le responsable du site pour connaître la raison de cette interdiction. En général, votre domaine (celui de votre fournisseur d'accès Internet plus précisément) a été bloqué suite à des actions indélicates de la part de certains abonnés (spam, tentative de piratage, etc.).

Erreur **404**

Probablement l'erreur la plus fréquente. Elle indique que la page à afficher n'existe plus à l'adresse que vous avez indiquée.

Remède

Connectez-vous à la page d'accueil du site en supprimant de l'adresse sa dernière partie pour ne conserver qu'une URL de type `http://www.adresse.com`. Essayez ensuite de retrouver votre document en visitant les rubriques proposées.

Les codes d'erreur du Web et quelques solutions (2)

Les erreurs sont légion sur le Web et certaines peuvent être résolues, comme nous venons de le voir. Cela dit, ce n'est pas toujours le cas, surtout avec les codes d'erreur 500…

Erreur **405**

Cette erreur désigne généralement une faute de programmation dans un formulaire. Elle survient lorsque, après avoir rempli tous les champs, vous soumettez la page en cliquant sur le bouton correspondant. En d'autres termes, l'erreur 405 renvoie à une méthode de requête de formulaire non autorisée sur le serveur.

Remède

Peu de choses à faire. Vous pouvez retenter votre chance plus tard en espérant que le webmaster aura résolu ce dysfonctionnement. Vous pouvez également tenter d'envoyer les informations d'une autre façon, par e-mail par exemple. Ou alors, contactez le responsable du site pour le prévenir de l'erreur.

Erreur **406**

La requête que vous essayez d'exécuter n'est pas acceptée par le serveur et elle ne peut être traitée.

Remède

Si vous avez cliqué sur un lien ou un bouton intégré dans un page du site, prévenez le webmaster pour lui signaler cette erreur. Vous pouvez également tenter votre chance plus tard, l'erreur n'est peut-être que temporaire (fonctionnalité désactivée pendant le temps d'une réparation ou d'une opération de maintenance).

Erreur 407

Pour accéder à la page que vous souhaitez afficher, vous avez besoin de l'autorisation du serveur proxy.

Remède

Si vous passez par le serveur proxy de votre fournisseur d'accès Internet, désactivez-le dans les paramètres de configuration d'Internet Explorer.

Erreur 408

La page à consulter met trop de temps à s'afficher et la requête vient d'être interrompue.

Remède

Retentez votre chance maintenant et plus tard.

Erreur 500

Vous êtes en face d'une erreur interne du serveur.

Remède

Aucun remède à tenter de votre côté : il faut attendre que le service technique trouve une solution à ce dysfonctionnement de leur serveur.

Erreur 502

Votre requête a emprunté une mauvaise passerelle d'accès.

Remède

À l'instar de toutes les autres erreurs de type 500, il n'y a rien à faire de votre côté, si ce n'est prendre votre mal en patience…

Erreur 503

Le service que vous tentez d'utiliser est pour le moment indisponible.

Remède

Revenez plus tard !

Naviguer sur les sites FTP

Internet Explorer permet de découvrir Internet par le Web, mais pas seulement. Par exemple, avec son navigateur, vous pouvez accéder à un autre espace tout aussi intéressant que l'on nomme FTP.

Les sites FTP permettent de stocker et diffuser toutes sortes de fichiers : des images, des documents et, surtout, des logiciels. De plus, la majorité de ces sites n'exige aucun mot de passe pour y accéder. En d'autres termes, ils sont ouverts à tous. Voyons comment profiter de leurs ressources.

1 Saisissez l'adresse d'un serveur FTP dans la barre d'adresses d'Internet Explorer comme vous le faites d'habitude pour les sites Web. Seule différence : l'adresse débutera par `ftp://` et non pas `http://`. Dans notre exemple, nous nous sommes connecté sur le site FTP de Microsoft : ftp://ftp.microsoft.com.

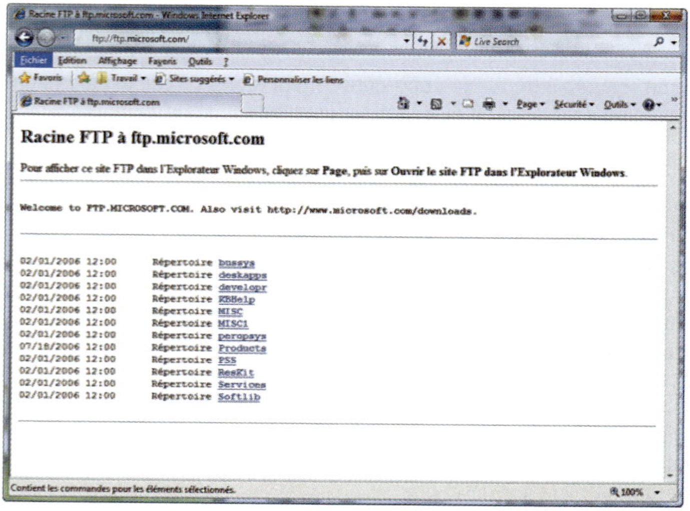

2 Le principe de navigation sur un serveur FTP est quasiment identique à celui du Web. Vous disposez de plusieurs dossiers et il suffit de cliquer sur leurs intitulés, qui correspondent en fait à des liens, pour accéder à leur contenu.

3 Pour télécharger un fichier sur votre ordinateur, cliquez sur son intitulé avec le bouton droit de la souris et sélectionnez à partir du menu contextuel la commande **Enregistrer la cible sous**.

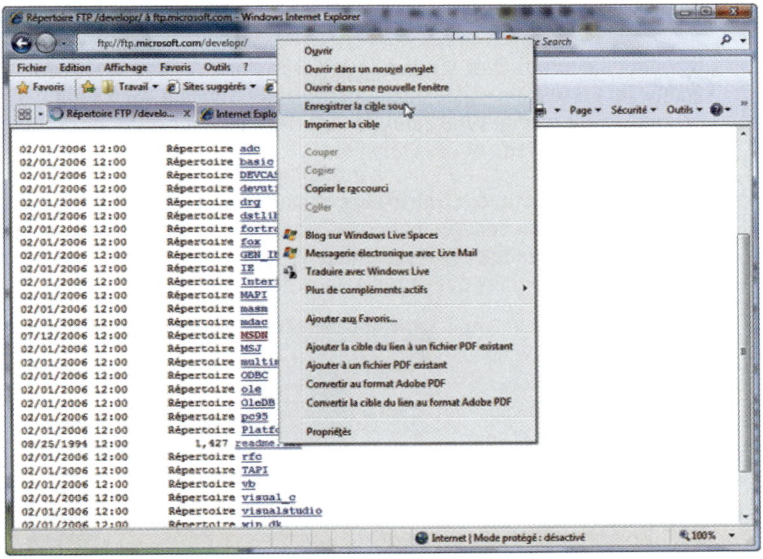

4 Une boîte de dialogue s'affiche et il ne vous reste plus qu'à sélectionner le dossier où vous souhaitez transférer le fichier. Validez par OK pour démarrer le téléchargement.

Notez que lorsque vous vous connectez anonymement à un serveur FTP, comme nous venons de le faire, les opérations que vous pouvez effectuer sont très limitées. Vous pouvez généralement récupérer des fichiers, mais vous ne pourrez pas les déplacer d'un dossier à l'autre sur le serveur, voire en déposer à partir de votre machine ou en supprimer. Ce type de manipulation est réservé aux utilisateurs identifiés (qui possèdent un identifiant et un mot de passe sur le serveur FTP). Dès lors, si vous devez réaliser des tâches non permises avec une connexion anonyme, il est préférable d'adopter un véritable client FTP. Il en existe plusieurs sur le marché. Citons, par exemple, SmartFTP (www.smartftp.com) et FileZilla (http://filezilla.sourceforge.net) qui sont totalement gratuits.

Enfin, sachez que, sur un site FTP, les logiciels disponibles pour le public se trouvent dans le répertoire *PUB*. Et pour connaître le contenu d'un serveur FTP, il faut télécharger un fichier texte intitulé le plus souvent *index.txt* ou *readme*.

En savoir plus sur votre navigation

Il ne faut pas croire que, lorsque vous surfez sur le Web, vous soyez anonyme. Certes, il n'existe aucune procédure, lorsque vous vous connectez sur un site Web, pour donner votre nom ou votre adresse. Mais on peut facilement vous localiser…

En fait, à chaque requête, votre navigateur envoie des informations bien précises pour identifier votre machine. Rien d'anormal à ça, ce principe est clairement établi dans le protocole HTTP, c'est-à-dire les règles qui régissent les échanges et la communication sur le Web.

1 Pour connaître le type d'information que vous envoyez sur les serveurs Web à chacune de vos requêtes, connectez-vous sur le site de la CNIL à l'adresse suivante : www.cnil.fr.

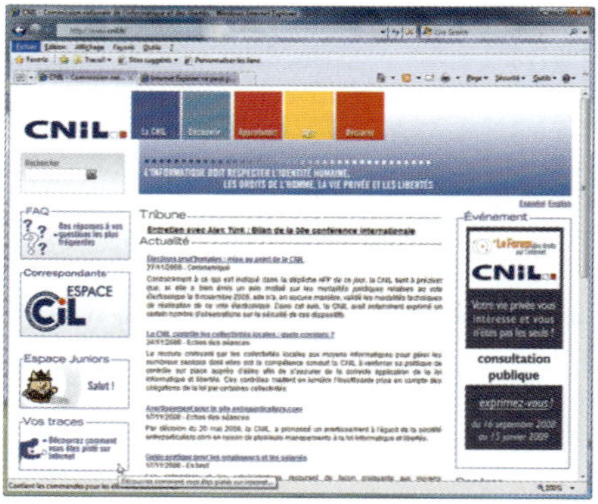

2 Sur la page d'accueil, cliquez sur le lien *Découvrez comment vous êtes pisté sur Internet* disponible dans le menu de gauche.

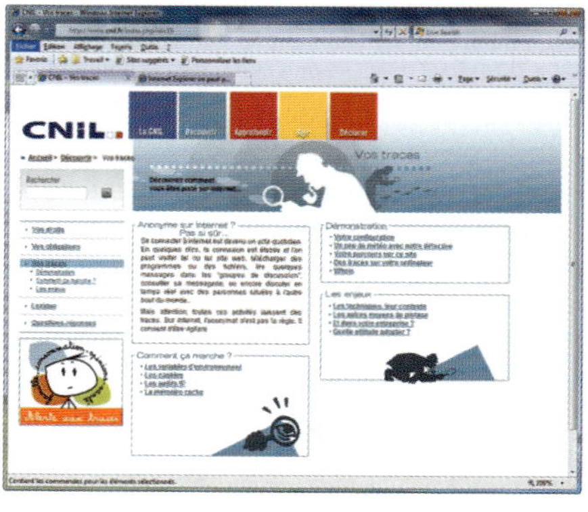

3 Dans la nouvelle page qui s'affiche, sous la section intitulée *Démonstration*, vous disposez de plusieurs liens qui regroupent différents types d'information à propos de votre machine et connexion : configuration, météo, parcours, traces…

4 La section *Votre configuration* vous donne votre adresse IP, le système d'exploitation que vous utilisez, l'adresse de la dernière page que vous avez affichée… En fait, à chaque requête, votre navigateur envoie des variables (dites d'environnement) au serveur ce qui, comme nous l'avons dit, a été complètement prévu dans le protocole du Web. De telles variables s'avèrent utiles pour les développeurs et les administrateurs des serveurs pour, entre autres, la mise en place de leur service.

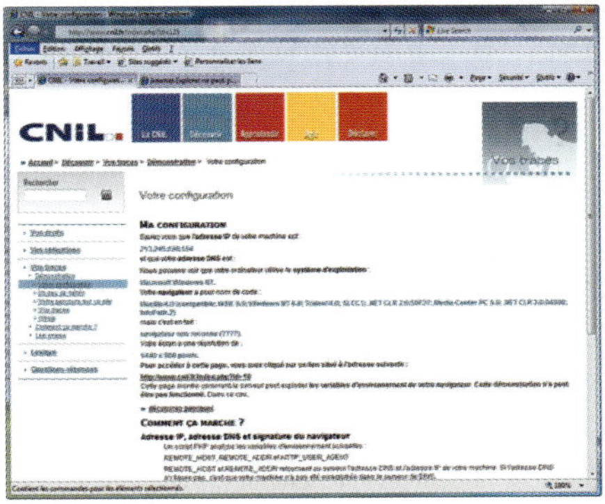

5 La section *un peu de météo avec notre détective* vous indique si vous avez déjà affiché cette page et, le cas échéant, combien de fois. Cette information est liée aux cookies que vous avez reçus.

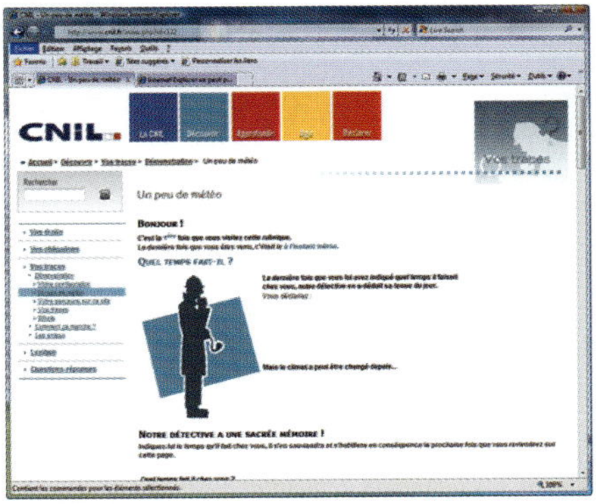

6 La section *Votre parcours sur ce site* vous indique toutes les pages que vous avez consultées sur le site. Cela est possible en analysant le fichier log (ou journal) du serveur. Un programme identifie votre adresse IP et, à partir de là, il devient facile de connaître votre parcours sur le site.

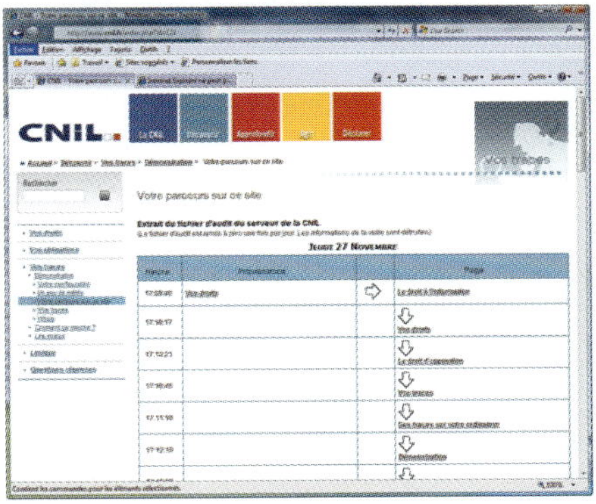

7 Enfin, la section *Des traces sur votre ordinateur* vous donne une idée des traces de navigation que vous laissez sur votre machine.

Conserver ses mots de passe

Vous pouvez stocker tous vos mots de passe dédiés à vos connexions sur des sites web avec Internet Explorer dans un espace centralisé via le module de gestion des mots de passe réseau. Vous disposez d'une interface avec tous les outils nécessaires pour le faire efficacement.

1 À partir de la fenêtre des comptes d'utilisateurs, cliquez sur le lien *Gérer vos mots de passe réseau* disponible sous la section *Tâches*. La fenêtre **Noms et mots de passe utilisateur enregistrés** s'affiche immédiatement.

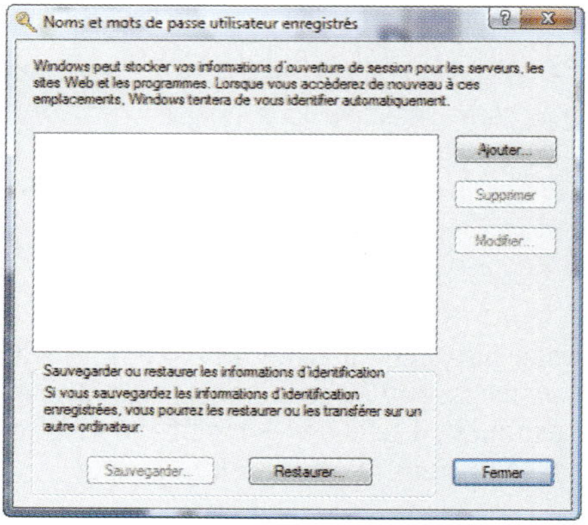

2 Pour ajouter un identifiant et mot de passe de connexion réseau, tels ceux que l'on vous demande par exemple sur un site web pour accéder à un espace privatif, cliquez sur le bouton **Ajouter**.

Une boîte de dialogue s'affiche. Dans la zone de texte intitulée *Connexion*, saisissez le nom du serveur ou du site web. Saisissez ensuite votre nom d'utilisateur dans la seconde zone de texte, puis votre mot de passe.

4 Sélectionnez ensuite le type d'identification. Cochez l'option *Informations d'identification d'ouverture de session Windows* pour enregistrer un nom d'utilisateur et un mot de passe qui seront utilisés sur un serveur Windows ou un ordinateur sur lequel est installé le système Windows. À l'inverse, pour sauvegarder un identifiant et mot de passe qui seront employés sur un site web ou un programme, cochez l'option *Informations d'identification de site Web ou de programme*.

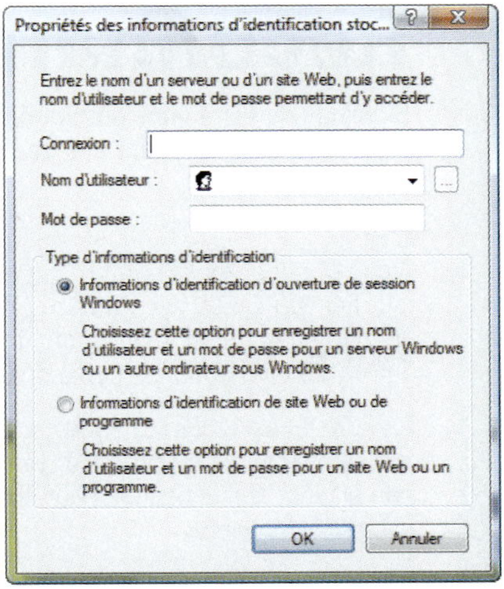

5 Validez par OK pour enregistrer les informations. Votre nouvel identifiant apparaîtra dans la liste de la boîte de dialogue précédente.

6 Si vous souhaitez supprimer un mot de passe de cette liste, il suffit de sélectionner l'identifiant correspondant et de cliquer sur le bouton **Supprimer**.

Notez que, pour modifier les informations associées à un mot de passe, il n'est pas nécessaire de se connecter sur le Web dans son espace Passeport Web. Désormais, il suffit de les modifier à partir du module de gestion des mots de passe réseau que vous venez de voir.

Reconnaître les virus

Si Windows Vista vous permet de mieux sécuriser votre système, il ne vous protège cependant pas des virus. À vous alors de les reconnaître.

1 Pour éviter d'exécuter un virus, identifiez la nature de certains fichiers et sachez les reconnaître avec leur extension. Ainsi, l'extension des fichiers exécutables (*.exe*, *.com* ou *.bat*) est un bon indicateur de risque, ces fichiers pouvant exécuter n'importe quelle commande sur votre machine.

2 L'extension *.vbs* est également capable du pire et du meilleur. Elle correspond à une macro développée en langage Visual Basic, et, selon son origine, son exécution peut entraîner des effets dévastateurs sur les systèmes Windows.

3 Méfiez-vous également de certains documents a priori anodins, issus d'une suite bureautique, telle celle de Microsoft Office. De fait, les extensions en *.doc* ou *.xls* peuvent cacher de véritables virus, c'est-à-dire des macros hostiles (une suite de commandes développées en langage de script) qui infecteront tous les autres fichiers issus de la même application. Concrètement, un document Word vérolé infectera tous les autres documents Word qu'il trouvera sur l'ordinateur.

Solution radicale

Rien ne vous empêche de créer un filtre dans votre messagerie pour bloquer toutes les extensions de fichiers à risque.

Notez que, par défaut, les systèmes Windows n'affichent pas les extensions de fichiers. Voici comment les rendre visibles.

1 Démarrez l'Explorateur Windows et sélectionnez la commande **Options des dossiers et de recherche** du menu **Organiser**.

2 Cliquez sur l'onglet **Affichage** et, dans la liste *Paramètres avancés*, désactivez l'option *Masquer les extensions des fichiers dont le type est connu*.

Fiche pratique 7

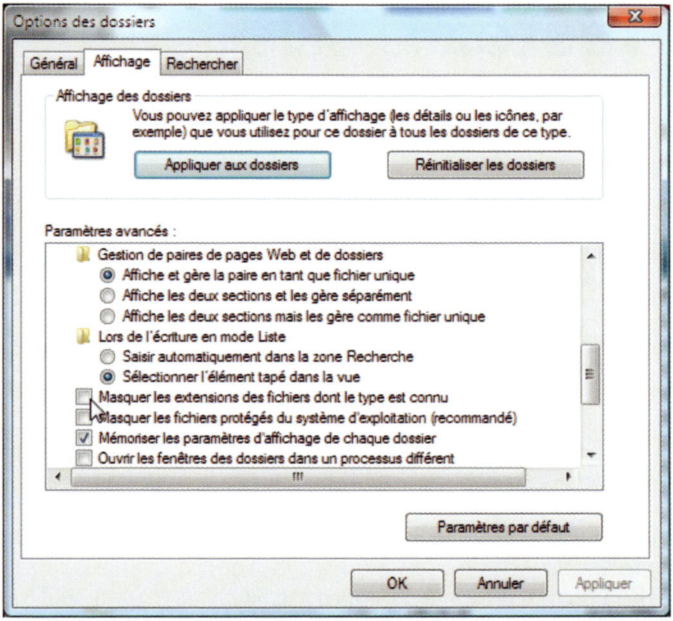

À présent, pour connaître sans aucune ambiguïté l'extension d'un fichier attaché à un message envoyé par e-mail, vous devez dans un premier temps l'enregistrer sur le disque dans un de vos répertoires. Ensuite, il faudra lire manuellement son intitulé à partir de l'Explorateur Windows en plaçant le pointeur de votre souris sur son nom, sans cliquer dessus (méfiez-vous de certains titres qui contiennent toute une série d'espaces pour masquer justement une extension à risque, de type *.vbs* par exemple).

Testez le pare-feu

Avec Windows Vista, vous disposez d'un pare-feu plus robuste. Il convient cependant de le tester régulièrement pour vérifier votre protection en simulant des tentatives d'intrusion sur votre ordinateur.

Concrètement, la technique est simple, il suffit de se connecter sur le site Gibson Research Corporation qui permet de simuler des attaques et de générer immédiatement des rapports sur l'efficacité de votre pare-feu.

1 Connectez-vous sur le site de Gibson Research Corporation (http://grc.com/default.htm) et cliquez sur le lien *ShieldsUP!* disponible dans la section *Hot Spots* de la page d'accueil.

2 Dans la seconde page qui s'affiche, cliquez sur le premier bouton **Proceed**.

3 Vous disposez à présent de plusieurs tests à exécuter : *File Sharing* (partage des fichiers), *Common Ports* (test des ports les plus courants), *All Service Ports* (test de tous les ports), *Messenger Spam* (vérifie la configuration de la messagerie instantanée de Microsoft) et *Browser Headers* (contrôle les informations envoyées par votre navigateur). Cliquez sur le bouton **File Sharing**.

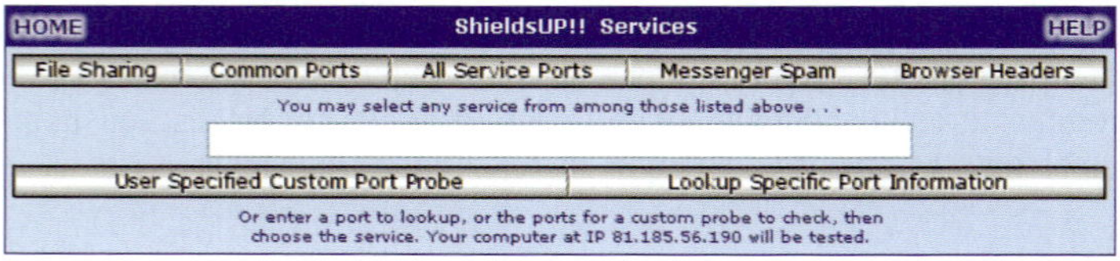

4 Vous obtenez un rapport de sécurité. Cliquez ensuite sur le bouton **Common Ports** en bas de page pour passer au second test. Notez que vous pouvez cliquer sur le bouton **All Service Ports** pour une procédure plus complète, permettant de tester plus de 1000 ports sur votre machine.

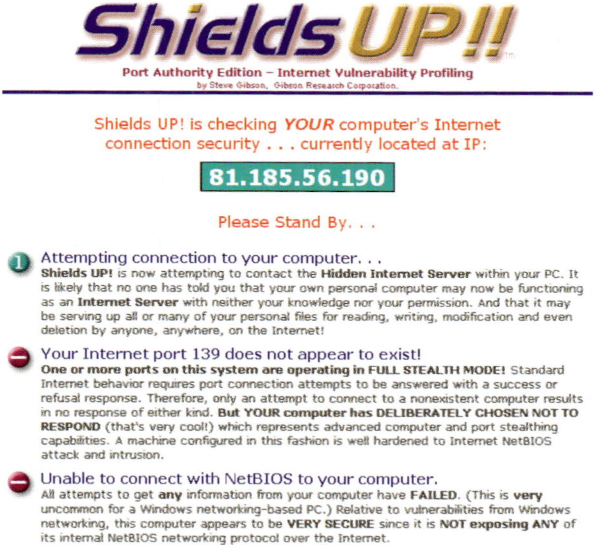

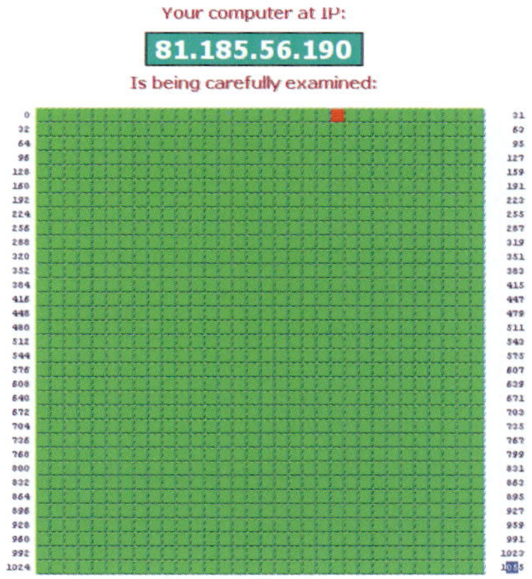

5 Dans le rapport qui s'affiche, les icônes vertes désignent les ports sécurisés, les icônes bleues correspondent à des ports fermés (mais visibles) et les icônes rouges signifient que les ports sont ouverts.

6 Cliquez sur le bouton **Messenger Spam** pour tester la messagerie instantanée de Microsoft. Dans la fenêtre qui s'affiche, cliquez sur le bouton **Spam Me with this Note**.

7 Si vous obtenez une boîte de dialogue, cela signifie que le Messenger de Windows peut envoyer du spam. Il faudra alors bloquer le port 135 (UDP) dans votre pare-feu.

8 Cliquez enfin sur le bouton **Browser Headers**. Vous obtiendrez ici un rapport reproduisant le contenu des en-têtes http envoyés par votre navigateur. Si les informations envoyées vous semblent trop indiscrètes, changez de navigateur !

Compresser
les fichiers attachés

Lorsque vous envoyez des pièces jointes à vos messages, ces derniers peuvent prendre un temps considérable lors de leur transfert. C'est normal : plus vos fichiers sont volumineux, plus ils prennent de temps à être envoyés. La solution ? Pensez à les compresser avec un utilitaire idoine.

Dans ce domaine, le shareware Winzip fait l'unanimité. Vous pouvez télécharger sa version française sur le site d'Avanquest :
http://shop.avanquest.com/france/produits/prod.php?pid=1727.

1 L'installation du programme ne pose aucune difficulté particulière. Un assistant graphique vous prend en charge pendant toute la procédure et il suffit de valider les différentes étapes qui s'affichent à l'écran.

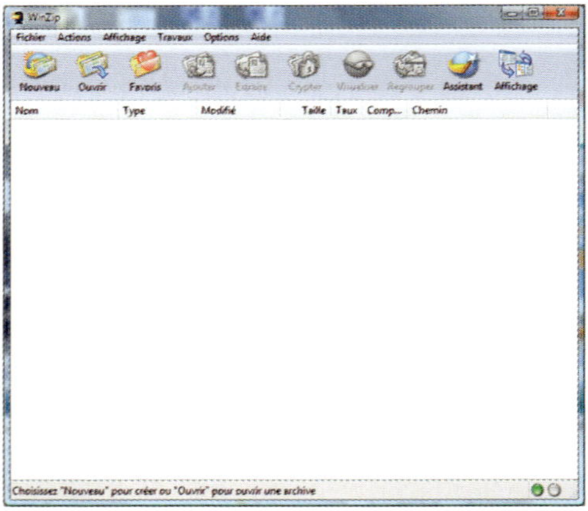

2 Au terme de l'installation, vous pouvez démarrer WinZip en double-cliquant sur son icône qui apparaît sur votre bureau.

3 La fenêtre principale de WinZip s'affiche et propose plusieurs commandes pour archiver des fichiers ou les extraire.

Cela dit, la procédure la plus simple consiste à manipuler vos fichiers en les déplaçant avec le pointeur de votre souris. Admettons, par exemple, que vous souhaitiez compresser deux fichiers situés dans un de vos répertoires.

1 Démarrez votre Explorateur Windows et sélectionnez vos deux fichiers.

2 Tout en maintenant le bouton gauche de la souris enfoncé, glissez les deux fichiers sélectionnés dans la fenêtre de WinZip ouverte précédemment. Une boîte de dialogue apparaît immédiatement. Indiquez alors, sous le premier champ, le nom que vous souhaitez donner à votre archive WinZip.

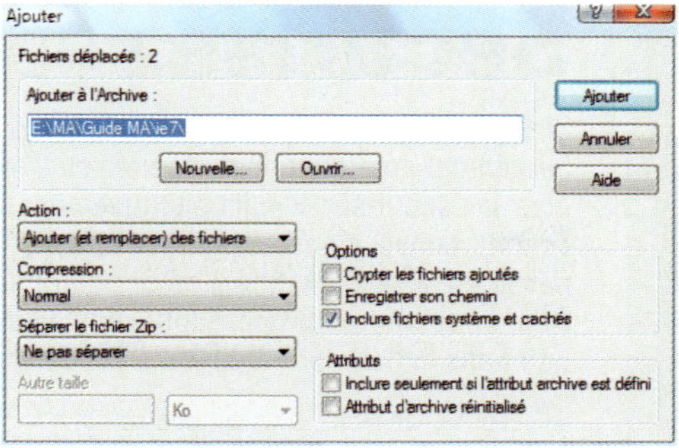

3 Validez ensuite par **Ajouter**.

4 Vos deux fichiers sont maintenant compressés et vous pouvez refermer la fenêtre principale de Winzip. Vous disposez à présent d'un fichier qui se termine par l'extension .zip et vous pouvez le joindre à votre message pour l'envoyer à un destinataire.

Mais il existe encore une procédure plus rapide.

1 Sélectionnez vos fichiers avec le bouton droit de la souris, cette fois-ci, et activez la commande **Zip et E-mail [nom du fichier ou du dossier]** du menu contextuel.

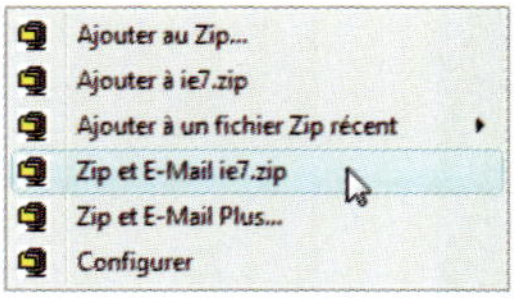

2 Une fenêtre de nouveau message de Windows Mail s'ouvre instantanément avec le champ *Joindre* automatiquement rempli avec le nom de votre nouvelle archive.

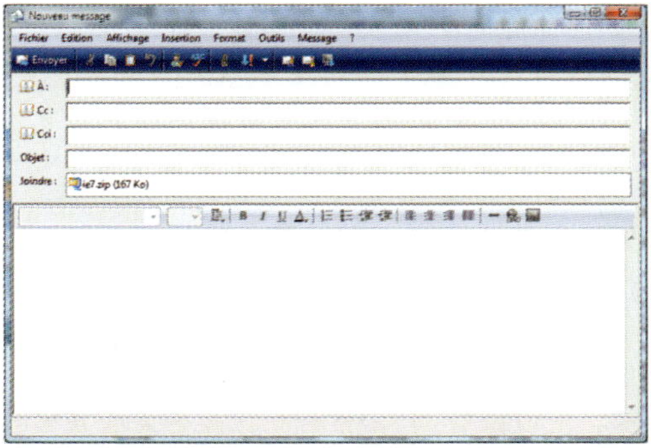

3 Il ne vous reste plus qu'à indiquer l'objet du message et à rédiger votre texte pour envoyer ensuite votre e-mail avec son fichier compressé sous forme de pièce jointe.

Sécurisez vos archives

Si vous devez envoyer par courrier électronique des données hautement confidentielles, sachez qu'il existe un moyen tout simple pour les sécuriser. Il suffit effectivement de les compresser et, dans un second temps, de protéger l'accès à ce fichier archive par un mot de passe qui sera demandé à toute personne qui voudra le décompresser. Pour effectuer cette opération, nous allons adopter le même utilitaire que dans la fiche précédente, à savoir WinZip.

1 Démarrez WinZip et cliquez sur le bouton **Nouveau** de la barre d'outils.

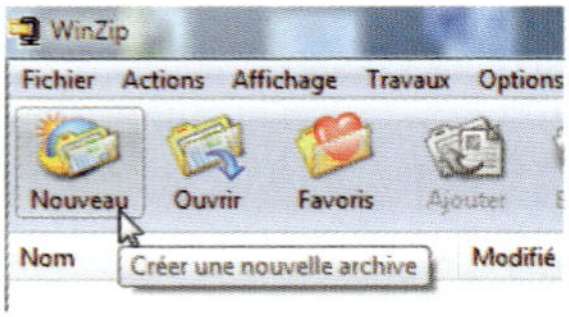

2 Indiquez, dans la boîte de dialogue **Nouvelle archive**, l'intitulé du nouveau fichier compressé et validez par OK.

3 Immédiatement, une nouvelle boîte de dialogue s'affiche. Elle va vous permettre de sélectionner tous les fichiers à archiver.

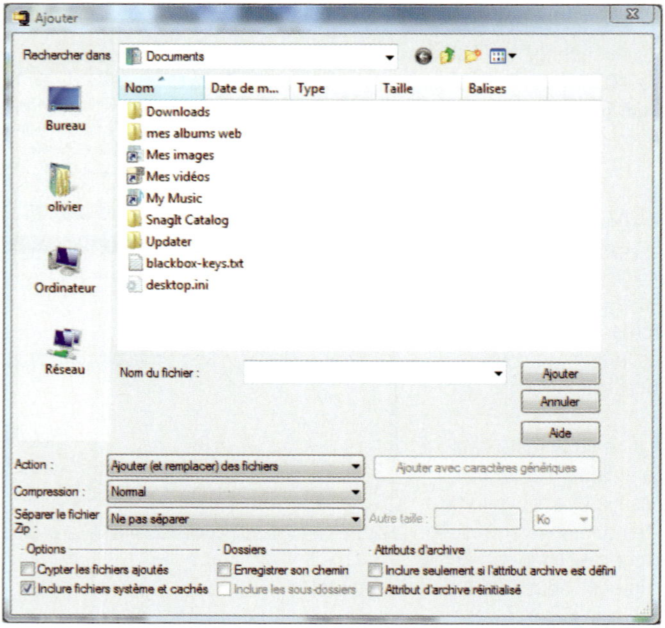

Fiche pratique 10

4 Plusieurs options sont à votre disposition. La liste déroulante *Action* propose quatre options : *Ajouter (et remplacer) des fichiers*, *Rafraîchir les fichiers existants*, *Déplacer (et remplacer) des fichiers*, et *Mettre à jour (et ajouter) des fichiers*. La première ajoute tous les fichiers que vous aurez sélectionnés à l'archive, tandis que la seconde met uniquement à jour les fichiers déjà contenus dans l'archive. L'option de mise à jour est identique à la précédente, mais elle ajoute également, à l'archive, tous les nouveaux fichiers spécifiés. Enfin, l'option de déplacement supprime les fichiers initiaux de votre disque dur pour ne conserver que leur archive. Dans tous les cas, rien ne vous interdit ici de compresser plusieurs fichiers dans une seule archive. Il suffit de tous les sélectionner dans le cadre prévu à cet effet.

5 Pour la méthode de compression, conservez le paramètre inscrit par défaut (*Normal*) dans la liste déroulante *Compression*.

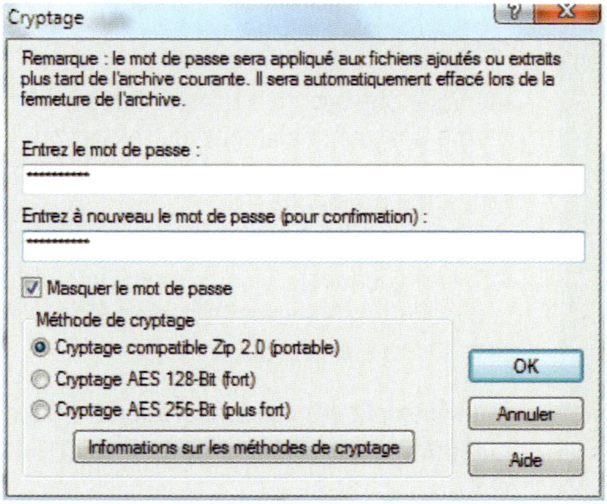

6 Pour sécuriser votre archive et préserver la confidentialité de vos données, spécifiez votre mot de passe de protection en cochant l'option *Crypter les fichiers ajoutés*. Inscrivez ensuite un mot de passe de votre choix dans la boîte de dialogue qui s'affichera.

7 Tous les fichiers sélectionnés sont maintenant compressés dans une seule archive sécurisée. Pour l'ouvrir, il sera nécessaire de saisir le mot de passe que vous venez de définir.

Transmettre par e-mail ses fichiers

Si seule la compression des fichiers vous intéresse pour optimiser leur envoi par e-mail, inutile d'installer WinZip. Vous pouvez effectivement les compresser avec un utilitaire spécifique intégré dans Windows Vista. Démonstration…

1 Démarrez votre Explorateur Windows et sélectionnez avec le bouton droit de la souris le fichier à envoyer par courrier électronique.

2 Sélectionnez la commande **Envoyer vers/Dossier compressé** du menu contextuel qui s'affiche.

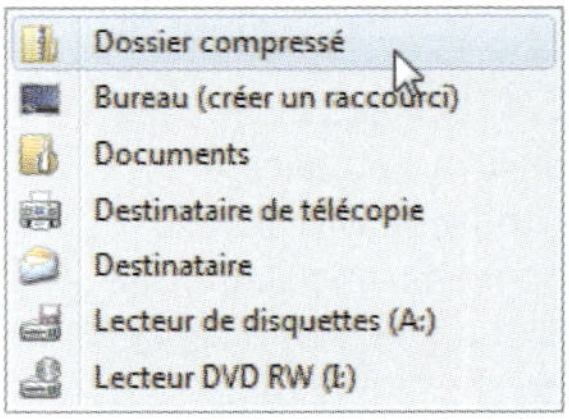

3 Vous obtenez immédiatement, dans le même dossier, une archive au format zip. Sa taille, par rapport au fichier original, est bien entendu réduite.

4 Il ne vous reste plus qu'à envoyer votre fichier compressé dans un nouveau message avec Windows Mail, comme vous le faites d'habitude avec n'importe quel autre fichier.

Mais il existe encore une procédure plus rapide si le fichier est déjà compressé (une archive ou une image au format jpg par exemple).

1 Sélectionnez un fichier avec le bouton droit de la souris activez la commande **Envoyer vers/Destinataire** du menu contextuel.

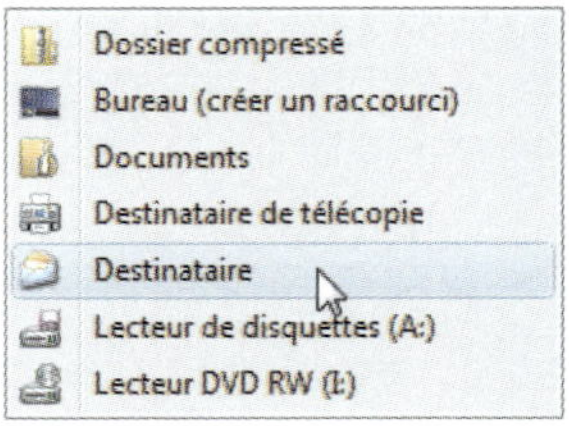

2 Une fenêtre de nouveau message de Windows Mail s'ouvre instantanément avec le champ *Joindre* automatiquement rempli par le nom de votre nouvelle archive.

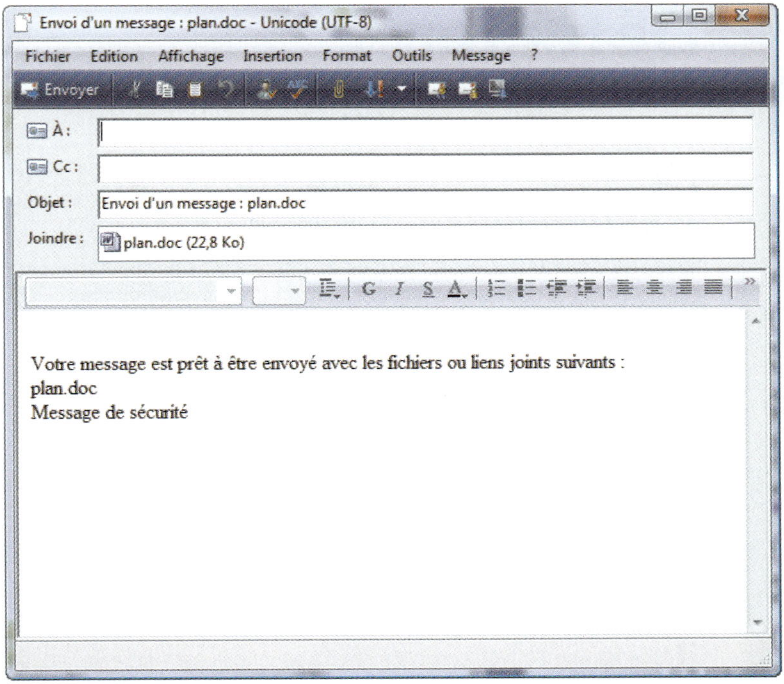

3 Il ne vous reste plus qu'à indiquer l'objet du message et à rédiger votre texte pour envoyer ensuite votre e-mail avec son fichier compressé sous forme de pièce jointe.

Détecter des connexions entrantes

Certains programmes hostiles ou certains virus peuvent créer des failles de sécurité sur votre système en ouvrant plus particulièrement des ports. Dans ces conditions, des utilisateurs mal intentionnés peuvent exploiter ces failles pour se connecter sur votre machine via Internet.

Pour s'assurer que personne n'est connectée sur votre système lorsque vous établissez une session de communication sur Internet, voici une méthode toute simple qui ne requiert aucun logiciel supplémentaire à installer.

1 Sélectionnez l'entrée **Tous les programmes\Accessoires\Invite de commandes** à partir du Menu **Démarrer** de la barre des tâches de Windows.

2 Une fenêtre de type console s'affiche pour vous permettre de passer des commandes en mode texte.

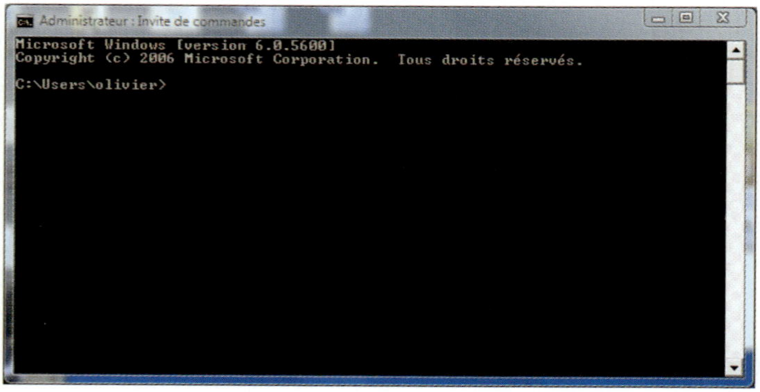

3 Saisissez la commande `netstat` et validez par la touche [↵]. Vous obtenez alors une liste de toutes les adresses IP connectées sur votre machine, ou celles sur lesquelles vous êtes connecté (l'adresse des sites Web sur lesquels vous transférez actuellement une page, par exemple).

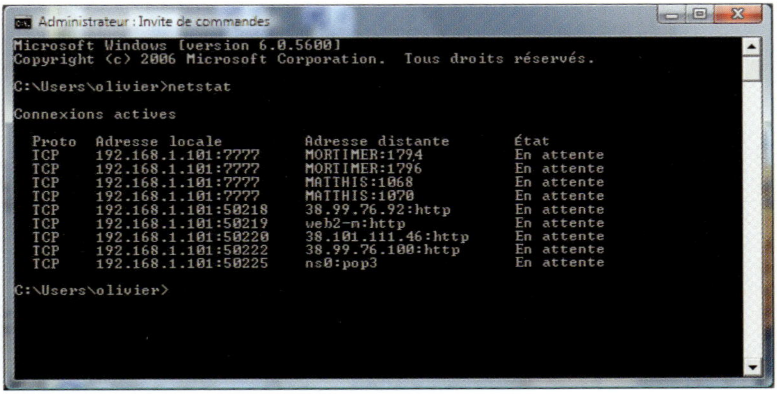

Aide

Pour connaître toutes les options qui accompagnent la commande `netstat`, il suffit de saisir l'instruction suivante dans la fenêtre de l'invite de commandes : `netstat ?`

Si vous n'êtes pas un adepte des commandes en mode texte, il existe un utilitaire capable de vous afficher automatiquement ce type d'informations, dans un environnement graphique. Nous pensons plus particulièrement à Spyster que vous pouvez télécharger gratuitement à l'adresse suivante www.bocsoft.com/spyster/default.asp?page=cs_link.

La procédure d'installation ne pose aucune difficulté, il suffit de suivre les instructions qui s'affichent à l'écran. Au terme de la procédure, démarrez le programme en sélectionnant son intitulé à partir du groupe de programmes qui vient de se créer. Vous obtiendrez immédiatement la liste des adresses IP des machines connectées sur votre PC.

Suivre à la trace les messages

Lorsque vous recevez des messages, il peut s'avérer intéressant de savoir exactement qui vous les a envoyés, et comment on vous les a transmis. Par exemple, dans le cadre d'un spam publicitaire, il n'est pas rare que le champ *De* de l'en-tête ait été falsifié. Dès lors, vous pouvez en savoir plus en affichant tous les en-têtes du message.

Lorsque vous affichez un message dans Windows Mail, vous pouvez facilement accéder à tous ses en-têtes.

1 Double-cliquez sur l'intitulé d'un message que vous venez de recevoir à partir de la fenêtre principale du programme.

2 La fenêtre d'affichage du message apparaît. Commencez par sélectionner la commande **Tous les en-têtes** du menu **Affichage** pour afficher les principaux en-têtes du message.

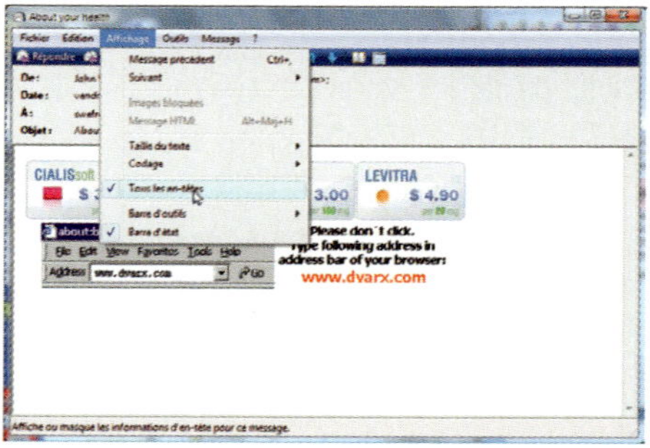

3 Si ça ne suffit pas et que vous souhaitiez accéder à tous les en-têtes cachés du message, normalement destinés aux serveurs pour l'acheminement du mail à travers Internet, sélectionnez cette fois-ci la commande **Propriétés** du menu **Fichier**.

4 Dans la boîte de dialogue qui apparaît, cliquez sur l'onglet **Détails**.

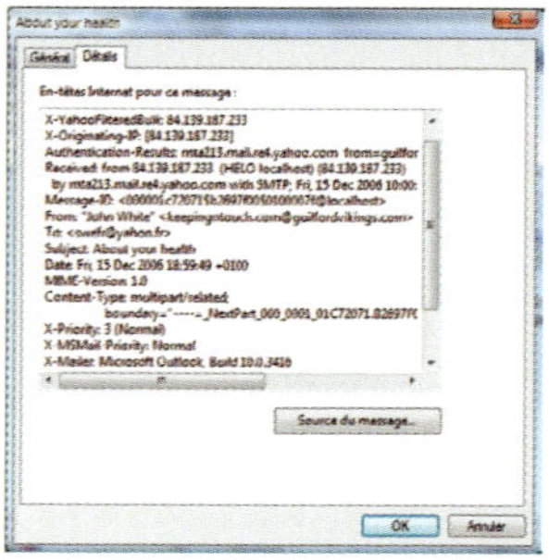

5 Pour obtenir une vue différente dans une fenêtre redimensionnable, cliquez sur le bouton **Source du message**.

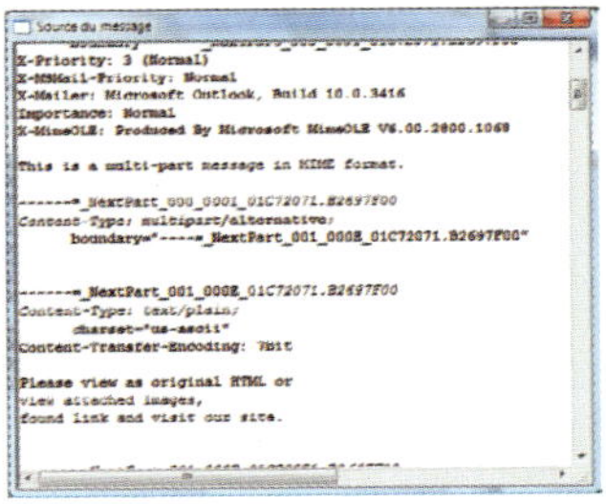

Accéder aux en-têtes de ses messages, c'est bien, mais savoir les interpréter, c'est encore mieux. Voici un petit tableau qui devrait vous permettre d'y voir plus clair.

En-têtes de messagerie

Champs	Significations
A (To)	adresses des destinataires, séparées par des virgules.
De (From)	adresse de l'expéditeur.
CC	adresses des destinataires en copie (*Copie Carbone* ou *Carbon Copy*).
BCC (CCi)	champ caché pour les adresses des destinataires.
Répondre à (Reply-to)	l'adresse indiquée par l'expéditeur pour recevoir les réponses.
Return-Path	retrouve le serveur qui a expédié le message
Date	la date et l'heure de l'expédition du message.
Sujet (ou *Objet, Subject)*	l'objet du courrier.
Référence (In In-Reply-To)	dans le cas d'une réponse, contient les références au premier message expédié.
Attachement (attachment)	champ où l'utilisateur indique le chemin et le nom du fichier à envoyer avec son message.
Sender	le mode d'expédition (`mailing-list`, par exemple).
Received	permet d'identifier chaque machine (appelée routeur) par lequel votre message a transité. Il contient l'adresse de l'expéditeur, celle du routeur, la date et l'heure du traitement de votre message.
Message-ID	l'identification du message sur le serveur qui l'a expédié.
X	identificateur pour tous les champs optionnels qui seront rajoutés par certaines applications (par exemple, `X-Mailer` pour l'intitulé du logiciel de messagerie utilisé).
X-Attachments	indique le chemin, sur le disque dur de l'expéditeur, du fichier attaché au mail.
Mime-Version	la version du standard MIME utilisé (norme permettant d'envoyer d'autres formats que celui du texte par le service de messagerie Internet).
Content-Type	le type des données contenues dans le mail.
Content-Transfer -Encoding	la procédure utilisée pour coder des fichiers binaires.

Gagner de la place

Besoin de plus de place pour augmenter la taille du cache d'Internet Explorer ou pour stocker tous les fichiers que vous téléchargez ? Adoptez alors les outils de compression de Windows Vista, ils feront des merveilles.

1 Ouvrez une fenêtre de l'Explorateur Windows.

2 Dans la fenêtre qui s'affiche, sélectionnez avec le bouton droit de la souris une partition qui a besoin d'espace supplémentaire.

3 Sélectionnez la commande **Propriétés** à partir du menu contextuel qui apparaît.

4 Dans la boîte de dialogue **Propriétés**, sous l'onglet **Général**, cochez l'option *Compresser le lecteur pour augmenter l'espace disque disponible* puis validez par OK.

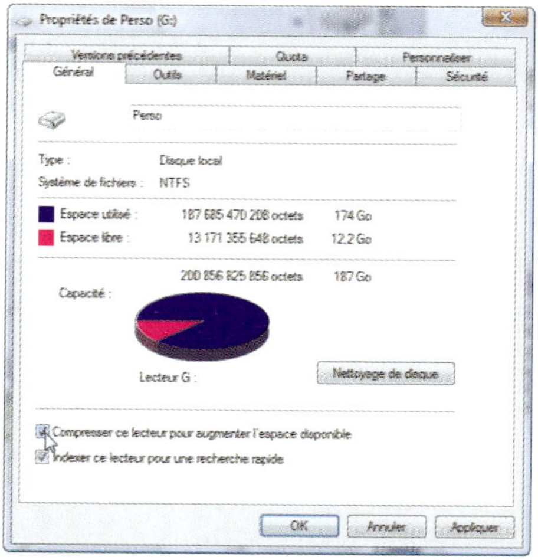

Vous obtiendrez ainsi une partition entièrement compressée, ce qui permettra évidemment de stocker plus de données.

Toutefois, si vous disposez d'une machine qui manque un peu de puissance, il faut savoir qu'un lecteur entièrement compressé entraîne nécessairement des temps d'accès plus longs aux fichiers. Dans ces conditions, il peut s'avérer utile de compresser avec parcimonie, dossier par dossier et non plus la partition entière comme nous venons de le faire.

1 Ouvrez une fenêtre de l'Explorateur Windows.

2 Dans la fenêtre qui s'affiche, cliquez sur la partition qui contient le dossier à convertir.

3 Dans la partie droite de la fenêtre de l'Explorateur Windows, sélectionnez le répertoire qui vous intéresse avec le bouton droit de la souris.

4 Sélectionnez la commande **Propriétés** à partir du menu contextuel qui apparaît.

5 Dans la boîte de dialogue **Propriétés**, sous l'onglet **Général**, cliquez sur le bouton **Avancé**.

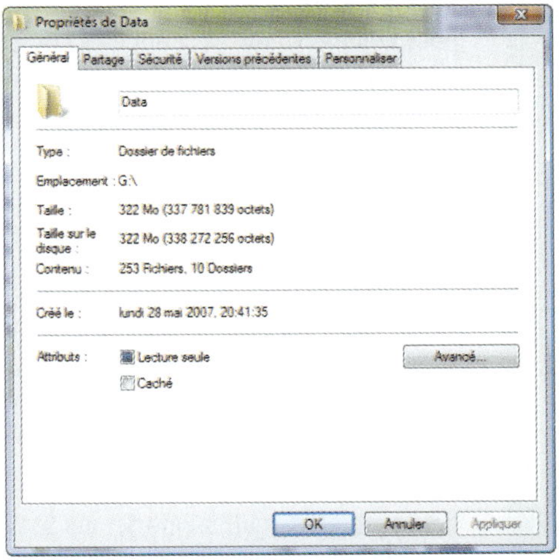

6 Cochez l'option *Compresser le contenu pour minimiser l'espace disque nécessaire* puis validez par OK les boîtes de dialogue.

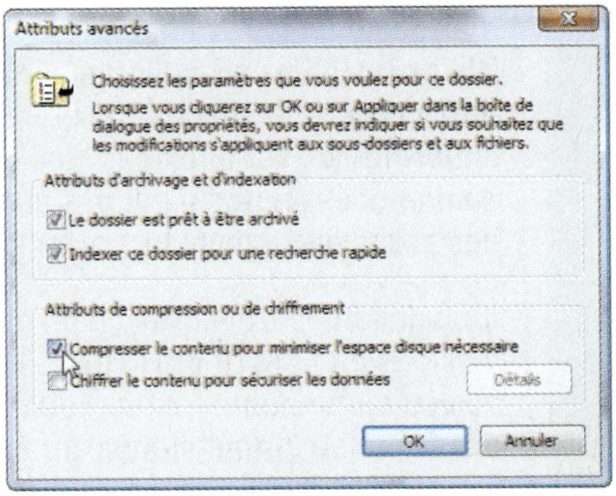

Le répertoire sélectionné est désormais compressé, il ne vous reste plus qu'à reproduire cette opération sur tous les autres dossiers de votre choix.

Remplacer les caractères accentués

En général, la messagerie Internet représente un moyen assez fiable pour communiquer. Cela dit, il existe tout de même des dysfonctionnements auxquels vous devrez régulièrement faire face. Parmi les plus fréquents, on notera l'incompatibilité avec les messages accentués.

De fait, ces derniers sont parfois mal digérés sur Internet, et plus particulièrement par certaines machines par lesquelles transitent nos messages. Concrètement, la messagerie e-mail s'appuie à l'origine sur une technologie américaine et, dans ces conditions, le protocole SMTP a été conçu au départ pour transmettre des informations dans un format texte rudimentaire. C'est-à-dire limité à l'alphabet anglo-saxon qui est constitué de caractères ASCII 7 bits uniquement. Bien entendu, ce jeu de caractères est incompatible avec nos accents.

Heureusement, pour supporter les spécificités de notre langue et envoyer des pièces jointes (c'est-à-dire des fichiers binaires), le protocole a été revu et corrigé : de nouvelles normes ont été adoptées. On pense plus particulièrement aux technologies Extended SMTP et MIME qui représentent désormais de véritables standards, implémentés sur la plupart des routeurs de messagerie. Toutefois, les serveurs étrangers n'ont pas toujours été remis à jour, et c'est là que les problèmes commencent.

Si, pendant la transmission du message, un serveur ne supporte pas l'extension ESMTP 8BITMIME, la machine qui se trouve juste avant lui (l'expéditeur ou un routeur) doit convertir automatiquement le message au format standard 7 bits. Dans ces conditions, tous les caractères 8 bits apparaîtront sous une forme codée (`=E9l=E8ve` pour le terme élève, par exemple). Concrètement, vous obtiendrez dans l'en-tête un nouveau champ, `X-Mime-Autoconverted`, avec le paramètre `from 8bit to quoted-printable by <l'adresse de la machine qui a converti le message>`.

Parfois, tous les caractères 8 bits du message auront été supprimés et il ne sera plus possible d'appliquer notre manipulation pour le rendre lisible. De fait, avec le code des lettres accentuées, vous allez pouvoir retrouver le message initial en toute simplicité.

Fiche pratique 15

1 À partir de Windows Mail, sélectionnez la totalité du message et pressez simultanément sur les touches [Ctrl] et [C] (ou sélectionnez la commande **Copier** du menu **Edition**).

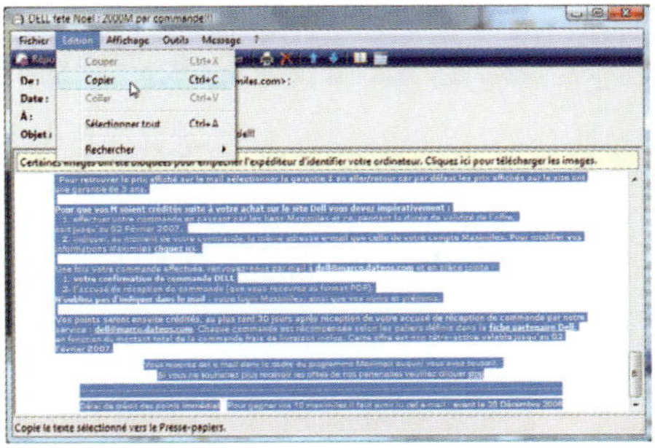

2 Ouvrez un nouveau document dans votre traitement de texte favori et appuyez simultanément sur les touches [Ctrl] et [V], ou cliquez sur le bouton **Coller** pour insérer votre message dans la page.

3 Sélectionner la commande **Remplacer** ou **Chercher/ Remplacer** pour effectuer rapidement les modifications. Reportez-vous à notre tableau de conversion des caractères pour connaître les équivalents des codes à substituer.

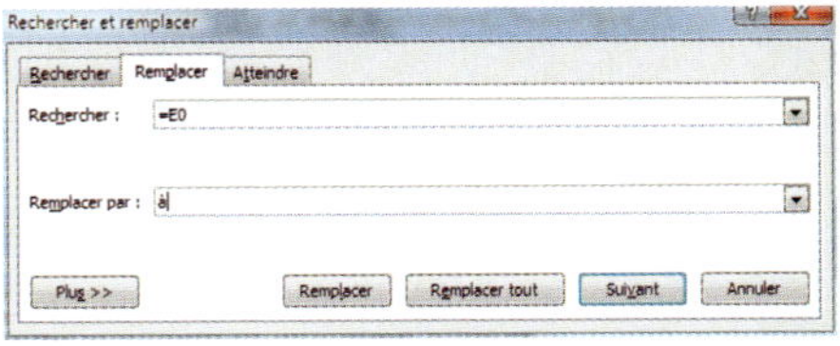

Conversion des codes de caractères

Lettres	codage MIME
à	=E0
â	=E2
é	=E9
ê	=EA
è	=E8
ç	=E7
î	=EE
ô	=F4
ù	=F9

Les raccourcis clavier de Windows Mail

Pour utiliser Windows Mail plus rapidement, vous pouvez parfaitement vous passer de la souris et adopter les raccourcis clavier. En voici un tableau pour les commandes disponibles sous la fenêtre principale de Windows Mail.

Commandes de la fenêtre principale

Raccourci	Signification
Ctrl+Maj+E	Création d'un nouveau dossier
Ctrl+O (ou ↵)	Ouvrir
Ctrl+P	Imprimer
Ctrl+C	Copier
Ctrl+A	Sélectionner tout
Ctrl+Maj+F	Rechercher dans le message
Maj+F3	Rechercher dans le dossier
F3	Recherche suivante
Ctrl+E	Rechercher dans le carnet d'adresses
Ctrl+Maj+V	Déplacer vers un dossier
Ctrl+D ou Suppr	Supprimer
Ctrl+Q ou Ctrl+↵	Marquer comme lu(s)
Ctrl+T	Marquer la conversation comme lue
Ctrl+Maj+A	Marquer tous comme lus
Ctrl+<	Message précédent
Ctrl+>	Message suivant
Ctrl+U	Message non lu
Ctrl+Maj+U	Conversation non lue
Ctrl+J	Dossier non lu
Ctrl+Y	Atteindre le dossier
Échap	Arrêter
F5	Actualiser
Ctrl+M	Envoyer et recevoir tout
Ctrl+Maj+B	Carnet d'adresses
Ctrl+W	Groupes de discussion
Ctrl+N	Nouveau message
Ctrl+R	Répondre à l'expéditeur
Ctrl+Maj+R	Répondre à tous
Ctrl+G	Répondre au groupe
Ctrl+F	Transférer
F1	Afficher l'aide
Ctrl+F3	Afficher la source du message

Raccourci	Signification
Ctrl+F2	Afficher le code HTML du message
Ctrl+I	Afficher la boîte de réception
Ctrl+Tab	Basculer entre les différentes fenêtres
← ou +	Développer une conversation
→ ou -	Réduire une conversation
Ctrl+Maj+M	Télécharger les News
Alt+Entrée	Afficher les propriétés

Voici les raccourcis clavier disponibles sous la fenêtre de rédaction des messages.

Commandes de la fenêtre de rédaction des messages

Raccourci	Signification
Alt+S ou Ctrl+Entrée	Envoyer le message
Ctrl+S	Enregistrer le message
Ctrl+D	Supprimer le message
Ctrl+P	Imprimer
Alt+Entrée	Propriétés
Ctrl+Z	Annuler
Ctrl+X	Couper
Ctrl+C	Copier
Ctrl+V	Coller
Ctrl+A	Sélectionner tout
Ctrl+Maj+F	Rechercher dans le message
Ctrl+E	Rechercher un correspondant
F7	Orthographe
Ctrl+K ou Alt+K	Vérifier les noms
Ctrl+Maj+B	Afficher le carnet d'adresses
Ctrl+N	Nouveau message
Ctrl+B	Style gras
Ctrl+I	Style italique
Ctrl+U	Style souligné
Échap	Fermer
F3	Rechercher
Ctrl+Tab	Basculer entre les différentes fenêtres
Ctrl+Maj+S	Insérer une signature
Alt+B	Afficher tous les en-têtes
F1	Aide

Lire les fichiers illisibles

Comme vous le savez, tous les logiciels de messagerie dignes de ce nom intègrent une commande **Attachement** (ou **Annexer**, entre autres) pour joindre un fichier binaire à votre message. Et Windows Mail n'échappe pas à cette règle. Avec lui, vous disposez même d'une fonctionnalité supplémentaire qui consiste à convertir automatiquement le fichier sélectionné pour le transmettre à travers le protocole e-mail d'Internet, c'est-à-dire en respectant les normes du standard SMTP (format d'échange ASCII, c'est-à-dire du texte brut). Dans ces conditions, toute la procédure est transparente et les utilisateurs n'ont pas à intervenir dans cette opération de conversion, leur programme de messagerie s'en charge parfaitement tout seul.

Compression

Si cette procédure est automatique, il convient toutefois de ne pas oublier de compresser vous-même les fichiers que vous envoyez par e-mail pour accélérer leur transfert.

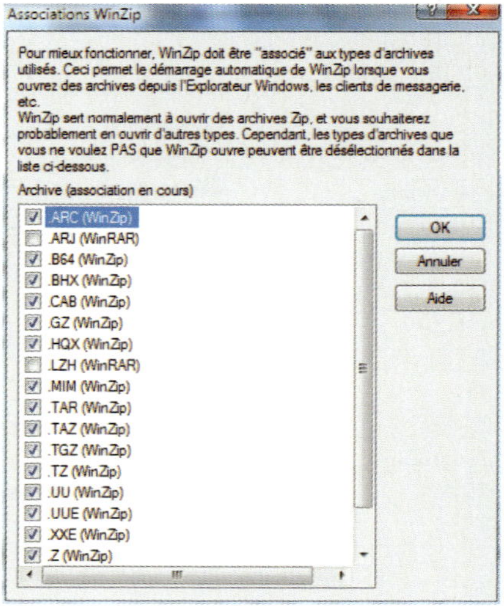

Cela dit, une telle procédure ne suffit pas pour assurer une compatibilité parfaite entre deux systèmes. De fait, selon la plateforme et le logiciel utilisés, les formats d'encodage 7 bits peuvent être différents : *binhex* pour les Macintosh, *MIME* ou *uuencode* pour le PC, etc.

En fait, les problèmes apparaissent lors de la réception. Certes, cette opération s'avère très simple : il suffit de sauvegarder, dans son format initial, le fichier que vous avez reçu et de l'exécuter ensuite à partir de l'application correspondant à son format. Toutefois, si votre système, ou celui de votre destinataire, ne comprend pas le format d'attachement, le fichier sauvegardé sera inexploitable. Heureusement, plusieurs outils simples d'emploi permettent de convertir soi-même, ou de restituer, des fichiers binaires : StuffIt Expander (www.stuffit.com/expander) pour Macintosh ou WinZip (www .winzip.com) pour Windows, par exemple. Comme vous pourrez le constater dans les associations de fichier de WinZip (accessibles dans ses paramètres de configuration), les différents formats d'encodage SMTP sont supportés.

Dans ces conditions, il suffit de sauvegarder vos fichiers attachés en leur donnant une extension précise (*.b64*, *.uue* ou *.bhx*) qui permettra de les ouvrir sans difficulté ensuite avec Stuffit ou Winzip.

Cela dit, toute la difficulté consiste à connaître la bonne extension à indiquer. La solution se trouve dans l'en-tête du message qui contient le fichier illisible, et plus particulièrement sur la ligne Content-Transfer-Encoding.

Si elle indique base64, alors cela correspond à une méthode propre au format MIME pour encoder les fichiers binaires (format *b64*).

Le format *.uue*, lui, fait référence à une ancienne technique de conversion que nos outils peuvent également restituer sans problème. En général, ce sera une machine UNIX qui vous aura envoyé un fichier encodé de cette manière.

Enfin, la mention Binhex correspond à la technique de conversion adoptée par les systèmes Macintosh (format *.bhx*). Dans tous les cas, les deux programmes cités précédemment s'accommoderont fort bien de tous ces formats et ils pourront restituer sans aucune difficulté les formats initiaux.

Décrypter les messages d'erreur e-mail

La messagerie Internet représente un système fiable pour échanger des données et il est fort rare que vos messages se perdent. Cela dit, des dysfonctionnements peuvent se produire parfois et les causes sont diverses et variées : panne d'un routeur, faute d'orthographe dans la saisie de l'adresse électronique de votre correspondant, etc. Dans le meilleur des cas, vous recevrez un rapport d'erreur qui vous informera de l'impossibilité de transmettre votre e-mail au destinataire. Mais d'autres fois, vous ne serez pas averti du dysfonctionnement et il n'existera aucun moyen de résoudre le problème.

Concrètement, vous pouvez recevoir trois types de message d'erreur par e-mail lorsque la transmission ne s'effectue pas correctement.

1 Le premier constitue uniquement une information sur un engorgement temporaire. Une machine, par lequel transite votre message, vient de placer votre mail en attente de transmission. Dans ce cas, on vous indiquera clairement qu'une nouvelle tentative d'envoi sera effectuée plus tard et il s'avère inutile de transmettre une seconde fois votre mail. Notez toutefois que si, au terme d'un ou plusieurs essais, la machine ne peut envoyer votre message, vous recevrez alors un nouveau rapport d'erreur (en général, 48 heures après le premier avis), vous informant cette fois-ci de l'impossibilité de transmettre le mail. Dès lors, il conviendra de tenter votre chance une nouvelle fois ou de contacter par un autre moyen votre correspondant.

2 Le second message d'erreur provient généralement d'une faute de frappe dans la saisie de l'adresse électronique. Ainsi, si vous vous trompez dans le login de votre correspondant (le mot qui apparaît à gauche du signe @), le message sera bien transmis jusqu'au serveur du FAI qui héberge le compte du destinataire, mais ce serveur sera incapable ensuite de le distribuer à la bonne personne. Dans ces conditions, il vous enverra un rapport d'erreur vous indiquant que l'utilisateur que vous cherchez à joindre lui est inconnu (*User unknown*).

3 La troisième erreur désigne une faute de saisie dans le nom de domaine du destinataire (ce qui apparaît à droite du signe @). Dans ce cas, vous recevrez un message d'erreur du serveur SMTP de votre FAI vous indiquant qu'il est incapable de trouver la machine de votre correspondant (*Unable to Resolve Host Name*).

Il n'existe pas 36 solutions pour remédier aux deux types d'erreur précédents. Recommencez la saisie de l'adresse électronique avec plus d'attention ou alors tentez de contacter votre correspondant par un autre moyen.

Dans le cas d'une erreur sur le login de votre destinataire, vous pouvez contacter le responsable technique de son serveur (en général, l'adresse pour le joindre est la suivante : `postmaster@nom_de_domaine`) et donnez-lui le nom de l'utilisateur que vous cherchez à joindre.

Enfin, le meilleur moyen d'éviter une erreur dans la saisie d'une adresse consiste tout simplement à utiliser le carnet d'adresses intégré à Windows Vista.

Consulter des messages à distance

Lors d'un déplacement professionnel, ou lorsque vous partez en vacance, vous emmenez rarement votre PC avec vous. Dans ces conditions, comment rester en contact avec sa messagerie ? Il existe plusieurs moyens de le faire.

1 La solution la plus simple consiste à se rendre dans un cybercafé pour utiliser l'interface web de messagerie de votre fournisseur d'accès Internet. De fait, la plupart des FAI (Wanadoo, Noos, Club-Internet, etc) ont mis en place un service de type WebMail pour consulter et envoyer ses messages à partir de n'importe quel navigateur web. Consultez la documentation de votre FAI ou interrogez leur service clientèle pour connaître l'adresse de leur service WebMail.

2 Lorsque vous aurez affiché la page du service, il suffira d'inscrire votre login et votre mot de passe pour vous connecter.

3 Comme vous pourrez le constater, vous disposez d'une boîte de réception pour consulter vos messages et d'un formulaire spécifique pour en envoyer de nouveaux.

Notez que, si vous avez la possibilité de laisser allumer chez vous votre ordinateur 24 heures sur 24 ou si une personne peut le démarrer à votre place une fois par jour, vous pouvez configurer Windows Mail afin qu'il envoie vos messages sur un compte de votre choix, consultable à distance sur le Web.

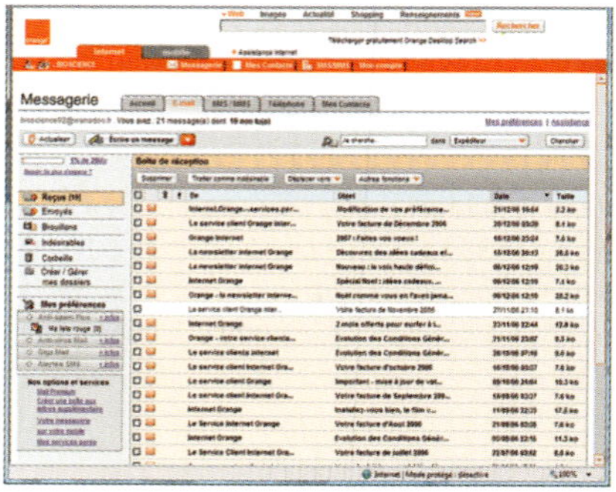

Fiche pratique 19

1 Démarrez Windows Mail et sélectionnez la commande **Règles de message/Courrier** du menu **Outils**.

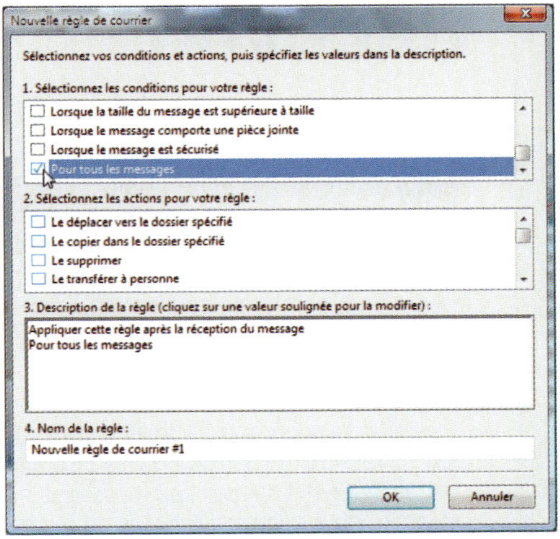

2 Dans le premier cadre, cochez l'option *Pour tous les messages*.

3 Dans le second cadre, cochez l'option *Le transférer à personne*.

4 Dans le troisième cadre, cliquez sur le lien *personne*.

5 Indiquez ensuite l'adresse vers laquelle transférer tous les messages. Refermez ensuite toutes les fenêtres pour rendre opérationnelle la règle.

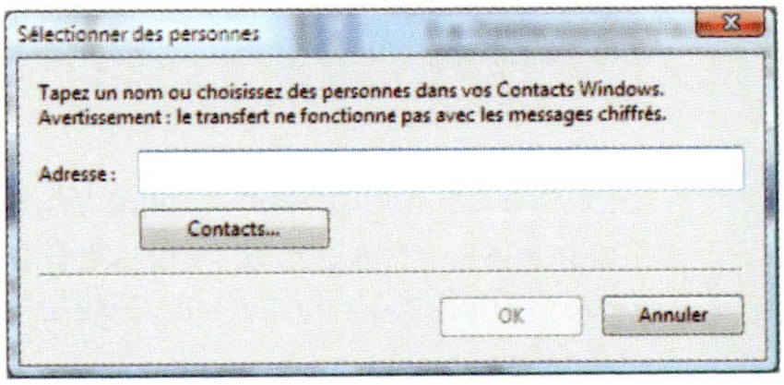

Enfin, si vous souhaitez consulter la messagerie de votre bureau de travail à partir de votre domicile, sachez que la manipulation est généralement possible, à condition toutefois que l'administrateur du réseau de votre entreprise permette les connexions distantes à partir d'Internet.

Si c'est le cas, il suffit alors de lui demander les mêmes informations que celles fournies par votre fournisseur d'accès Internet, à savoir votre login, votre mot de passe (vous devez connaître déjà ces renseignements), l'adresse des serveurs POP3 (ou IMAP) et SMTP (ce dernier vous sera utile si vous souhaitez pouvoir envoyer des messages à partir de votre compte d'entreprise).

Une fois toutes ces informations en main, reportez-vous à notre chapitre dédié à la création d'un compte e-mail sous Windows Mail et utilisez les renseignements que l'on vient de vous transmettre pour configurer un nouveau compte avec votre logiciel de courrier électronique favori.

Recevoir un accusé de réception

Si vous n'utilisez pas votre propre système SMTP pour envoyer vos messages et que vous passiez par le serveur de votre fournisseur d'accès Internet, il existera toujours un doute quant à la réception de votre message par le destinataire. C'est pourquoi Windows Mail intègre une fonctionnalité bien utile, appelée confirmation de lecture.

Compatibilité

Attention, la confirmation de lecture de Windows Mail ne fonctionnera que si votre correspondant utilise lui aussi Windows Mail. De fait, le protocole SMTP d'envoi des messages ne contient aucune norme standard pour gérer les accusés de réception. Pour cette raison, il est impossible actuellement d'utiliser une telle fonctionnalité entre deux logiciels de messagerie différents.

Si votre correspondant utilise Windows Mail pour relever ses messages, vous pouvez alors demander à recevoir un accusé de réception lorsqu'il ouvrira votre e-mail.

1. Démarrez Windows Mail et cliquez sur le bouton **Créer un message**.

2. Dans la fenêtre de composition des nouveaux messages qui apparaît, sélectionnez la commande **Demander une confirmation de lecture** du menu **Outils**.

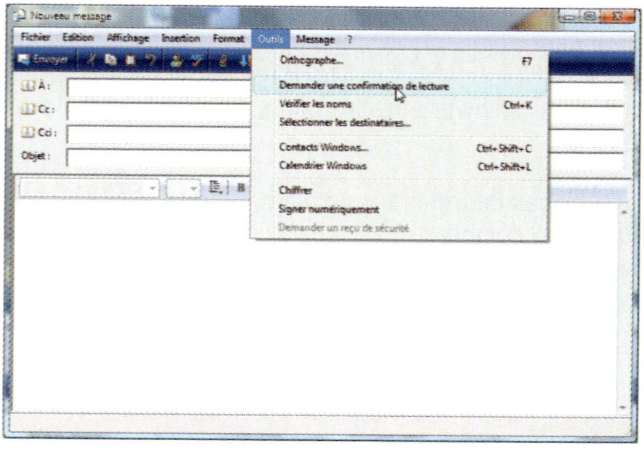

3 Il ne reste plus qu'à écrire votre message comme d'habitude et à l'envoyer en cliquant sur le bouton **Envoyer**. Ce n'est pas plus compliqué.

Bien entendu, cette méthode a un inconvénient : celui d'exiger une manipulation supplémentaire à chaque envoi de nouveaux messages. Dans ces conditions, vous pouvez oublier de la demander une fois sur deux... Pour éviter ce type de problème, nous allons paramétrer Windows Mail pour demander automatiquement une confirmation de lecture pour chaque nouveau message que vous enverrez.

1 Démarrez Windows Mail et, à partir de son interface principale, sélectionnez la commande **Options** du menu **Outils**.

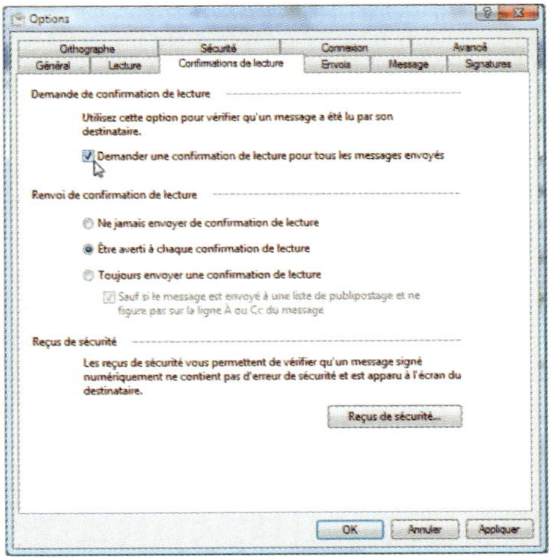

2 Dans la boîte de dialogue qui apparaît, cliquez sur l'onglet **Confirmations de lecture** et cochez l'option *Demander une confirmation de lecture pour tous les messages envoyés*.

3 Notez que vous pouvez également définir ici l'action à déclencher automatiquement lorsqu'un de vos correspondants vous demande une confirmation de lecture, de la même façon que vous venez de le faire. De fait, vous disposez de plusieurs options pour déterminer le comportement de Windows Mail : la première, *Ne jamais envoyer de confirmation de lecture*, permet d'ignorer toutes les demandes d'accusé de réception. La seconde, elle, vous permet d'être informé de cette demande. Dans ce cas, vous devrez indiquer manuellement, à chaque message que vous recevrez, si vous souhaitez ou non honorer la confirmation de lecture. Enfin, la troisième option, *Toujours envoyer une confirmation de lecture*, consiste à envoyer automatiquement l'accusé de réception sans que vous vous en aperceviez. Validez ensuite les nouveaux paramètres par OK pour les rendre fonctionnels.

Index

I

L

M

N

O – P

R

S

Composé en France par Jouve
11, bd de Sébastopol - 75001 Paris

Groupe CPI - Aubin Imprimeur - *Ligugé,* D.L. janvier 2009 / Impr. : L 72699
Imprimé en France